CAMBRIDGE LIBRARY COLLECTION

Books of enduring scholarly value

Linguistics

From the earliest surviving glossaries and translations to nineteenth-century academic philology and the growth of linguistics during the twentieth century, language has been the subject both of scholarly investigation and of practical handbooks produced for the upwardly mobile, as well as for travellers, traders, soldiers, missionaries and explorers. This collection will reissue a wide range of texts pertaining to language, including the work of Latin grammarians, groundbreaking early publications in Indo-European studies, accounts of indigenous languages, many of them now extinct, and texts by pioneering figures such as Jacob Grimm, Wilhelm von Humboldt and Ferdinand de Saussure.

Über das Alter und die Echtheit der Zend-Sprache und des Zend-Avesta, und Herstellung des Zend-Alphabets

Rasmus Rask (1787–1832) was a Danish scholar who, having devoted the early part of his career to the Old Norse and Anglo-Saxon languages and literature, embarked upon a journey overland through Russia and Persia to India in search of the cradle of the Indo-European languages. He was delighted to rediscover the Avestan Zoroastrian texts preserved by the Parsis which Anquetil du Perron had first reported on sixty years earlier, and further Avestan materials, as well as a lively Zoroastrian community. On his return, he published, first in Danish and then in this German translation (1826), a thorough phonological and morphological analysis which showed that, contrary to the opinion of Anquetil's opponents, the Avestan language and its religious texts were neither a dim folk memory or a deliberate coinage based on Sanskrit. Rask established that Avestan is a very ancient language, with origins in Persia, that it could provide important insights into cuneiform writings, and that it is an important early member of the Indo-European language family.

T0382048

Cambridge University Press has long been a pioneer in the reissuing of out-of-print titles from its own backlist, producing digital reprints of books that are still sought after by scholars and students but could not be reprinted economically using traditional technology. The Cambridge Library Collection extends this activity to a wider range of books which are still of importance to researchers and professionals, either for the source material they contain, or as landmarks in the history of their academic discipline.

Drawing from the world-renowned collections in the Cambridge University Library, and guided by the advice of experts in each subject area, Cambridge University Press is using state-of-the-art scanning machines in its own Printing House to capture the content of each book selected for inclusion. The files are processed to give a consistently clear, crisp image, and the books finished to the high quality standard for which the Press is recognised around the world. The latest print-on-demand technology ensures that the books will remain available indefinitely, and that orders for single or multiple copies can quickly be supplied.

The Cambridge Library Collection will bring back to life books of enduring scholarly value (including out-of-copyright works originally issued by other publishers) across a wide range of disciplines in the humanities and social sciences and in science and technology.

Über das Alter und die Echtheit der Zend-Sprache und des Zend-Avesta, und Herstellung des Zend-Alphabets

Nebst einer Übersicht des gesammten Sprachstammes

Rasmus Rask

CAMBRIDGE UNIVERSITY PRESS

Cambridge, New York, Melbourne, Madrid, Cape Town, Singapore,
São Paolo, Delhi, Dubai, Tokyo

Published in the United States of America by Cambridge University Press, New York

www.cambridge.org
Information on this title: www.cambridge.org/9781108006613

© in this compilation Cambridge University Press 2009

This edition first published 1826
This digitally printed version 2009

ISBN 978-1-108-00661-3 Paperback

This book reproduces the text of the original edition. The content and language reflect
the beliefs, practices and terminology of their time, and have not been updated.

Cambridge University Press wishes to make clear that the book, unless originally published
by Cambridge, is not being republished by, in association or collaboration with, or
with the endorsement or approval of, the original publisher or its successors in title.

R. Rask

über das Alter und die Echtheit

der

Zend-Sprache

und des Zend-Avesta,

und

Herstellung des Zend-Alphabets;

nebst einer

Übersicht des gesammten Sprachstammes;

übersetzt

von

Friedr. Heinrich von der Hagen.

Mit einer Schrifttafel.

Berlin,

bei Duncker und Humblot.

1826.

Vorwort.

Rask's Reise, über den Kaukasus,
durch Persien nach Indien, hatte, neben Erforschung des Zusammenhanges
der Sprachen überhaupt, besonders den
Zweck, den grofsen und edlen Stamm-
baum der Skandinavischen und
Germanischen Sprachen in seiner

ganzen Ausbreitung und Tiefe zu erforschen: wozu er sich schon durch
seine in Island im Jahre 1814 abge-
faſste Preisschrift über den Ursprung der Altnordischen Sprache (gedruckt 1818) vorbereitet hatte.
Nachdem er auf der Durchreise in
Schweden, im Jahr 1817 eine Angelsächsische Sprachlehre nebst Le-
sebuch geschrieben, seine 1811 her-
ausgegebene Isländische Sprachlehre auf ähnliche Art erneuet
(1818) und mit einem Lesebuche
vermehrt (1819), die beiden Edda's
verbessert und vervollständigt heraus-
gegeben (1818), und noch manche andere Gastgeschenke dieser Art in Stock-
holm und Upsala zurückgelassen hatte,
zog er über Finnland und Ruſsland,
wo er, wie die Beilage bekundet, die

weit verbreiteten Finnisch-Scythi-
schen Sprachfamilien untersuchte, nach
dem Urlande unsers Japetischen
Sprachstammes. Die längst erkannte
Verwandtschaft der Persischen und
Indischen (Sanskrit) Sprache mit den
Germanischen wird dadurch nun weiter begründet. Hindustan scheint aber
eher das Stammland des grofsen Scythischen Volkes, welches durch die
Japetiden aus der Mitte — den Hocheb e-
nen Mediens und Persiens, an dem
Nabelort der Erde, dem Indischen
Kaukasus — überall an die Küsten
gedrängt worden, wie auf der Indischen Halbinsel, so in Europa (die
Lappen, Finnen und Basken); auf
ähnliche Weise wie die älteren Japetiden selber, die Kelten, von den jün-
geren, den Germanen, an den Westrand

Europa's getrieben sind. Die Überbleibsel des Medisch - Germanischen
Stammes, an der alten Völkerscheide
Asiens und Europa's, am Kaukasus, die
Åfseten, werden uns auch noch näher
bekannt, als Übergang zu der Altme-
disch - Persischen Sprache, welche
in ihren Religionsbüchern mit ihrem
Gottesdienst, ebenfalls an der Küste
Indiens eine Zuflucht gefunden hatte.
Dort entdeckte sie zuerst, und verkün-
digte sie Anquetil du Perron: und
dort suchte sie Rask wieder auf, und
war nicht nur so glücklich, die Quellen Anquetils wiederzufinden und zu
bewähren, sondern auch noch andere, von denen Anquetil nur Kunde
hatte, wieder aufzuspüren, und diesen
Schatz glücklich mit heimzubringen.
Die gründliche Erforschung dieser Ur-

kunden durch eine umfassende Sprachkunde, welche Anquetil und seinen Anhängern, wie Gegnern, abging, verbunden mit der mündlichen Mittheilung
der Bekenner dieser Religionsbücher
und mit der lebendigen Anschauung
ihrer Verhältnisse und Umgebung, lie-
fert nun die erfreulichsten Ergebnisse,
welche Rask in den folgenden Abhandlungen der Skandinavischen Litteratur-
gesellschaft in Kopenhagen kürzlich
vorgetragen hat. Es ist darin aus
sprachlichen und geschichtlichen Gründen entschieden, dafs die Zend-Sprache
mit ihren Religionsschriften weder ein
späteres untergeschobenes oder aus
dunkler Erinnerung nachgeholtes Mach-
werk, noch absichtlich, zur Religions-
stiftung, aus dem Sanskrit entlehnt
und verdreht worden, sondern eine

nicht minder alte, eigenthümliche Zunge, der Schlüssel der Keilschrift, und ein
höchst wichtiges Mittelglied zu unserer Nordisch-Deutschen Sprache ist.

H.

ā 1	ð 6
á 33 (â)	t 5
i 25	t (th) 6
í 21 (î)	d 6
u 26	P 23
ú 32 (û)	f 12
e 28	b 2
o 26	v 18
ó 27 (ô)	m 15
æ 28 (ä)	n 17
ǽ 28 (äè)	N 30
ą (ä) 29,30	ñ 31
y zu Anfang 20 (j)	ǵ 31
y in der Mitte 21 (j)	r 7
w zu Anfang 18	l
w in der Mitte 33	c 22 (tsch)
q 3	j 4 (dsch)
x (qh) 5	ç 9
r (gh) 11	s 10 (3)
k 13	ś (sh) 10 (sch)
g 14	z 8 (s)
p 34	ż (zh) 24
	ḩ 19

19	H
20	I
21	Ï î
22	Th
23	P
24	J
25	E
26	O
27	Ô
28	É
29	An
30	Ân
31	Ng *dur*
32	Ou
33	Â
34	Th
35	Où
	Âo
	Eh
	Scht

1	A,E
2	B
3	T
4	Dj
5	Kh
6	D
7	R
8	Z
9	S
10	Sch
11	Gh
12	F
13	K,C
14	G *dur*
	L
15	M
16	Hm
17	N
18	V

Über
das Alter und die Echtheit
der
Z e n d - S p r a c h e
und des Zend-Avesta.

D as alte und einst so mächtige Persische
Volk bildet ein unläugbares und sehr bedeu-
tendes Glied in der Kette des Japetischen
Menschenstammes *), so wohl in Betracht
seiner Thaten, als seiner Denkweise und
Sprache. Aber was wir bis zum Ende des
vorigen Jahrhunderts von diesem Volke wufs-
ten, rührte fast alles nur von Fremden her,
indem die einzigen Quellen aus Persien sel-

*) Des, zu welchem wir selber gehören. Die
gewöhnliche Benennung desselben, das K a u k a s i-
s c h e, ist nämlich sehr unpassend, da die meisten
Bewohner des Kaukasus zu ganz anderen Volks-
stämmen gehören. — Vgl. die Beilage.

A

2

ber, nämlich die noch übrigen **Zendischen**
und **Pehlevi's chen** Denkmale, welche zum
Zend-Avesta gehören, bis dahin in Europa noch nicht bekannt waren.

Sobald es mir geglückt, in den Besitz
dieses seltenen Schatzes zu kommen, war es
natürlich die erste Frage, welche ich mir
selber that:
„Sind diese **Überbleibsel** denn auch
wirklich aus jener Zeit, da **Zoroasters**
Lehre blühte? und ist die **Sprache**, worin
sie abgefaſst sind, wirklich die uralte **Persische** oder **Medische Zunge?**"
Ohne die vorgängige einigermafsen genugthuende Beantwortung dieser Frage, würde nämlich die der Erforschung dieser Ueberbleibsel gewidmete Zeit übel angewandt sein.
Die Untersuchung führte mich zur vollkommensten Überzeugung von der Echtheit dieser alten Schriften und ihrer Sprache, und
meine wichtigsten Gründe hiefür, und Betrachtungen hierüber sind es, welche ich hier
vorlegen will.

Kaum hatte **Anquetil du Perron** seinen französischen **Zend-Avesta** heraus-

gegeben, als er von allen Seiten angegriffen
wurde. Ich geschweige des *William Jones*
Lettre à Monsieur A*** du P***, einer
Neidschrift voll Gift und Galle, und des Ver-
fassers Namens durchaus unwürdig; aber
auch unbefangenere Forscher widersprachen
der Echtheit dieser Schriften und der Zendsprache. Anquetils Mangel an klassischer,
sowohl griechischer, als braminischer Gelehr-
samkeit, und folglich an Kritik, dann auch
seines deutschen Uebersetzers, Kleukers,
Schwärmerei für seinen allerdings grofsen
und schönen Gegenstand, stellten diese ver-
dienstvollen Männer oft den Angriffen ihrer
Gegner blofs, ohne jedoch, so viel ich einsehe, jene alten Urkunden im geringsten zu
gefährden. Diese wurden zwar auch ernst-
haft genug angefochten: aber alle diese An-
griffe waren im Grunde doch nur gegen die
Bearbeiter gerichtet.

Ich will hier nicht Meiners und des
Kammerherrn Hennings Einwendungen
aufführen, welche von Heeren, Tychsen
und Anderen zurückgewiesen sind, da die
Fehde, in welcher diese Helden fochten, be-

endigt zu sein scheint. Aber ein neuerer,
eben so gelehrter als geistreicher Gegner,
Herr William Erskine in Bombaj, des-
sen persönliche Bekanntschaft ich auf meiner
Reise das Glück hatte zu machen, hat, ohne
Rücksicht, ja vielleicht ohne sonderliche
Kunde von dem alten Streit über den Zend-
Avesta in Europa, versucht, die alten Schriften der Parsen gänzlich umzustofsen, in zwei
Abhandlungen, welche‘ in den Schriften der
Bombajschen Gesellschaft, Bd. 2., stehen.
Sein Hauptangriff gilt jedoch eigentlich einer
andern alten Religionsschrift; genannt De-
satir *), welche dem Zoroaster nicht zuge-
schrieben und auch von seinen Anhängern
nicht anerkannt wird, obschon sie wohl mit
deren Geschichte in Verbindung steht; welche ich daher auch hier nicht zu vertheidi-
gen übernehmen will. Aber seine Vorstel-
lungen über Zend-Avesta, in einem Briefe
,,on the sacred Books and Religion of the
Pârsîs" sind doch von der Beschaffenheit,

---

*) Man vergl. über dieses neuerlich auch ge-
druckte Buch *Sylvestre de Sacy's* Kritik in dem *Jour-
nal des savans.* H.

dafs, wenn sie gegründet befunden würden,
sie diese Bücher fast alles Glaubens und
Werthes berauben würden. Ich habe demnach besonders hierauf meine Aufmerksam-
keit gerichtet.

Anquetil du Perron, der die Zendbücher
zuerst nach Europa brachte und sie ins Französische übersetzte, zweifelte nicht daran:

1) dafs das Z e n d die alte Sprache M e-
d i e n s wäre, und

2) dafs die darin verfafsten Bücher Z o-
r o a s t e r s echte Werke, folglich im fünften
bis sechsten Jahrhundert vor unserer Zeit-
rechnung, geschrieben wären.

William Erskine hält dagegen

1) das Z e n d für eine Mundart des S a n s-
k r i t, welche von Indien zum religiösen Gebrauch eingeführt, aber niemals in irgend einem Theile Persiens vom Volke gesprochen
worden; und nimmt an,

2) dafs die Z e n d b ü c h e r erst unter A r-
d e s h î r B a b e g à n s Regierung, ungefähr 230
Jahr nach Christus verfafst, oder wenigstens
doch erst aus dem Gedächtnis wieder aufge-

schrieben, vermehrt, und in ihre gegenwär-
tige Gestalt gebracht worden seien.

Aber wir werden sehen, dafs diese Vor-
stellung, obwohl sie durch manche gefällige
Bemerkungen unterstützt wird, doch in den
unauflöslichsten Schwierigkeiten und Wider-
sprüchen verwickelt ist. Zuvörderst ist es merkwürdig, dafs manche Gelehrte, und unter ihnen William
Jones, gerade umgekehrt vermuthet haben,
das Sanskrit sei eine fremde, in Indien von
Irân eingeführte Sprache; und man kann
nicht umhin, dieses viel wahrscheinlicher zu
finden, vorausgesetzt, dafs jene grofse Eroberung, welche das Sanskrit über das ganze
nördliche und den gröfsten Theil von Vor-
der-Indien ausbreitete, vor dem Anfange der
Geschichte vor sich ging; denn es ist klar,
dafs alle Mundarten in Hindûstân sowohl
als das Guzeratische und Mahrattische, vor-
nämlich von dem Sanskrit abstammen, und
dafs dieses also schon mufste eingeführt sein,
bevor jene entstanden: auf gleiche Weise
wie das Latein schon über Spanien und Gallien verbreitet sein mufste, bevor das Spani-

sche, Portugiesische und Französische ent-
springen konnte. Wenn man nun erwägt,
daſs das Telugische, Tamulische, Kanaräi-
sche und Maleiàlim, so wohl in Hinsicht
der innern Sprachbeugung, als des ursprünglichen Wörtervorraths, vom Sanskrit durchaus verschieden sind und dagegen mit den
Tatarischen und Finnischen Sprach-Fami-
lien in Mittel- und Nord-Asien übereinstimmen, so wird man es wahrscheinlich finden,
daſs ein sehr eigenthümlicher und aufseror-
dentlich ausgebreiteter Volksstamm, welchen
man den Skythischen nennen könnte, sich
in den ältesten Zeiten vom Eismeere bis zum
Indischen Weltmeere erstreckt habe, bis die
Kette durch ein eindringendes Volk unsers
Stammes, welchen ich den Japetischen
nenne, unterbrochen wurde, indem es von Ostpersien aus das ganze eigentliche Hindûstân *)

---

*) Gewöhnlich theilt man Vorder Indien in
drei grofse, obwohl ungleiche Theile: der nördliche,
eigentlich Hindûstân genannte, erstreckt sich bis
zum Flusse Nerbudda; der mittlere, Dekkhan,
wird im Süden von dem Flusse Krishna begränzt;
der südliche, Karnàtik, umfaſst die Südspitze des
Landes, zwischen dem Krishna und dem Meere.

und einen Theil von Dekkhan in Besitz
nahm: so dafs die alten und eigentlichen
Indier nur den gröfsten Theil von Karnâtik
und etwas von Dekkhan behielten. Wenn
man mit einem Blick auf die Landkarte bemerkt, wie die gedachten Alt-Indier, Mala-
baren, Kanaräer, Teluger u. s. w. nunmehr
die äufserste Südspitze bewohnen, nebst der
östlichen Küste, in einer langen schmalen
Strecke, so wird es annehmlich erscheinen, dafs sie durch den unwiderstehlichen
Strom eines eindringenden kriegerischen Volkes von Westen, oder eigentlich Nordwesten
her, in diese Stellung getrieben sind. Mehrere Umstände bestärken diese Vermuthung
z. B. die weifse Gesichtsfarbe der Braminen,
verschieden von der dunklen oder schwarzen
Farbe der übrigen Kasten. Das Verhältnis
der Sprache scheint dasselbe zu beweisen.
Obschon nämlich alle Sprachen der nördlichen
Theile des Landes vom Sanskrit abstammen,
so enthalten sie doch eine beträchtliche Anzahl Wörter von fremdem und unbekanntem
Ursprunge, z. B. das Hindustanische روٹی
(rûṭî), Brot, ٹوپي (ṭôpî) Hut, und mehrere

andre: diese finden sich im Tamulischen und
in andern Malabarischen Sprachen wieder,
und scheinen also Überbleibsel von den alten
Inwohnern, welche durch die Eroberer nicht
gänzlich ausgerottet oder vertrieben, obschon völlig überwältigt wurden. Auf gleiche Weise, wie annoch im Englischen einzele
Kymrische Wörter zú finden sind, z. B.
Apron, Schürze, *hog* *), Eber, und dergleichen, welche noch Ueberbleibsel von den alten Bewohnern des Landes, den Kymren oder
Britten sind, ungeachtet gewis die allermei-
sten nach Wallis oder Bretagne verdrängt
worden.

Um aber auf Persien zurückzukommen,
so legt Erskine ohne Zweifel auf den Umstand zu viel Gewicht, daſs in der Vorrede
zu *Ferhengi-Jehàn-gîrì*, wo der Verfasser
eine Übersicht der alten Persischen Mund-

---

*) Wallisisch *hwch:* es findet sich zwar nicht,
so viel ich weiſs, im Angelsächsischen, ist aber doch
auch wohl deutsch, wie noch die lebenden Mund
arten bezeugen: Sächsich H a c k s c h, Eber (daher
h a c k s c h e n, Zoten reiſsen, schweinigeln); —
Schwäbisch H a g, Schweizerisch H a g i, Altdeutsch
h a g e n, Zuchtstier. H.

arten gibt, das Zend nicht unter den Iranischen Mundarten aufführt. Diefs beweiset
aber blofs, wie mir scheint, dafs der Muhammedanische Verfasser seine Untersuchungen
über die alte Geschichte der Gebern nicht so
weit ausgedehnt hatte, sondern, weil er
wufste, dafs das Pehlevi eine alte Sprache
bei den Gebern war, sich damit hatte genügen
lassen, und sich vorgestellt, dafs alle ihre alten Schriften darin abgefafst wären: ein Mis-
verstand, welchen ich selber öfter bei sonst
wohlunterrichteten Europäern bemerkt habe;
ja sogar Hyde irrte in Ansehung dieser
Sprache *). Auf jeden Fall ist es nicht mehr
zu verwundern, als wenn Firdusi auch nicht
mit einem einzigen Worte des Medischen Kö-
nigshauses gedenkt; wie Erskine selber bemerkt (S. 309. L. 25.) Die Sache ist, dafs
jener Muhammedanische Verfasser von dieser fernen Heidenzeit keinen Begriff hatte
und es nicht der Mühe werth achtete, dieselbe in den Büchern der Gebern oder der

---

*) Siehe *Anquetil du Perron vie de Zo-
roastre* in seinem Zend-Avesta S. 2., Anmerk. 1.

Griechen zu erforschen. Erskine erwähnt
auch (S. 307) einen ähnlichen Zug von dem
Emir Abdalla ben Taher in Chorasan,
welcher die Denkart der Muselmänner in solchen Sachen bezeichnet. Man brachte ihm
nämlich das Altpersische Buch von Wa-
miks und Adhras Heldenthaten, welches
zu seiner Zeit dem Nushirvân zugeeignet war;
worauf er erwiederte: „wir lesen den Koran,
und bedürfen keiner anderen Bücher aufser
dem Koran und der Ueberlieferung, die übrigen sind unnütz; dieses hier ist ein Werk der
Magier und verwerflich in unseren Augen."
Hierauf liefs er es ins Wasser werfen, und
verordnete, dafs alle anderen Altpersischen
Bücher, welche man überkommen konnte,
auf dieselbe Weise vertilgt werden sollten.
Aufserdem mufste die Untersuchung des Zend
und Pehlvi für einen Muselmann in Persien,
bei dem gänzlichen Mangel an Hülfsmitteln,
keinesweges leicht, vielmehr schlechthin unmöglich sein. Was übrigens die obgedachte
Übersicht der Iranischen Mundarten betrifft,
so ist diese offenbar unvollständig. Es werden ihrer sieben angeführt, von welchen

viere nach Ostpersien gehören, nämlich
Soghdî in Soghd, Hervî in Chorasan mit
der Stadt Herat, Zavelî in Zabulistân, und
Segzî in Sejistan; die übrigen drei sind
westlich von der grofsen Persischen Wüste
zu setzen, nämlich Fârsî und Derî (die
Hofsprache von Fârsî) in Fàrsistân (das alte
Persis) und endlich Pehlevî, nach Erskine's sinnreicher und sehr glücklicher Vermuthung *), auf der westlichen Gränze des
Reichs in Chuzistân und Luristân.
Wirft man nun ein Auge auf die Landkarte,
so sieht man, dafs hier den Landschaften
Shirvân, Gilân, Aderbeijân, Iraq
und Kurdistân, gar keine Sprache beigelegt ist, kurz, dem ganzen alten Medien in
seiner weitesten Ausdehnung, als eins der
mächtigsten Königreiche in Asien, und ge-

*) Er leitet den Namen vom Persischen *pehlû*,
Seite, her, und nimmt an, es sei die Sprache gewesen, welche sich in den Gränzprovinzen nach des
Kyros Eroberung von Babylon bildete. Die Beschaffenheit der Sprache scheint diese Meinung
auch unwidersprechlich zu bestätigen, da die Hälfte,
wo nicht mehr von ihr, Semitisch, und namentlich
Kaldäisch ist.

rade das Land, wo Zoroaster, nach allen
alten Sagen, gelebt haben soll, wo der Haupt-
sitz des Feuerdienstes war, wo das heilige
Feuer von der Natur selber hervorgebracht
wird, und dessen mittleren Theils Name,
Ader-beijân, das Zendische Wort für
Feuer, nämlich *atars*, noch bis auf diesen
Tag bewahrt, länger als 2000 Jahr, nachdem Mediens alte Macht und Herrlichkeit
verschwunden ist. Aus allem diesem kann
man, meine ich, mit Sicherheit schliefsen, dafs
der Verfasser von Ferhengi Jehân-gîrî mit
der alten Sprache Mediens durchaus unbe-
kannt war, und folglich nichts beweiset;
dafs hingegen der Name Aderbeijân eine
starke Vermuthung für die Richtigkeit der
allgemeinen Meinung gibt, dafs das Zend die
alte Sprache Mediens war.

Erskine behauptet nun aber (S. 299):
„In der That scheint kein Grund vorhanden,
anzunehmen, dafs das Zend irgend jemals innerhalb der Gränzen des Persischen Reichs
eine lebende Sprache gewesen; es hat in jeder Hinsicht das Ansehen, dafs sie Persien
fremd sei, und ihr Gebrauch war in diesem

14

Lande vermuthlich nur auf die heiligen Bücher eingeschränkt. Man kann über den
Sprachstamm, welchem sie zugehört, nicht
ungewis sein, sie ist durchaus Sanskrit."
u. s. w.

Hiegegen bemerke ich, dafs die Ähnlichkeit zwischen dem Sanskrit und Zend
keinesweges ausreichend ist, diese dreiste
Behauptung zu begründen; noch weniger
finde ich irgend einen andern genügenden
Grund dafür. Das Griechische und Lateinische, ja mehr noch als irgend eine andere
Europäische Sprache, die Littauische, ist
dem Sanskrit ähnlich genug, und doch sind
die beiden ersten, und wird die letzte, als
noch lebende Sprache, in einem sehr weiten
Abstande von Indien gesprochen. Und ich
erinnere nur an die obgedachte Vermuthung,
dafs das Sanskrit vielleicht in der entfernte-
sten Heidenzeit durch ein eroberndes Volk
von Persien aus über Indien verbreitet worden: was die Verwandtschaft zwischen dem
Zend und Sanskrit trefflich erklären würde.

Die Verschiedenheit zwischen dem Pehlevî und Fârsî (d. i. Persischen) auf der

einen, und dem Z e n d auf der andern Seite,
auf welche Erskine demnächst sich beruft,
bestätigt seine Vermuthung noch weniger;
denn das Pehleví und Persische stammen ja
keinesweges unmittelbar und auf gleiche Weise von dem Zend. Die Meder und Perser
waren zwei verschiedene, gleichzeitige Nach-
barvölker, deren Sprachen demnach wohl
verwandt sein konnten, ohne daſs jedoch
vorauszusetzen wäre, daſs die eine die Erklärung aller Wörter und Einrichtungen der
andern enthielte; ebenso wie jetzt Armenier
und Perser Nachbarn und Unterthanen desselben Beherrschers sind, aber nichts desto
weniger sehr verschiedene Sprachen reden.
Hiezu kömmt, daſs alle Ueberbleibsel des einen Volks, nach der gewöhnlichen Annahme,
schon 500 Jahre vor Chr. geschrieben sind;
wogegen die ältesten Bücher das andere kaum
zu 900 nach Chr. aufsteigen. Hier ist also
ein Abstand von 1400 Jahren, in welcher Zeit
das Fârsî, welches sich als eine lebende Sprache behauptete, natürlich zahllose Veränderungen erleiden muſste, besonders, da das
Land unterdessen zweimal von Fremden völ-

lig überschwemmt und unterdrückt war, zuerst von den Parthern, zuletzt von den Ara-
bern. Was das Pehlevî betrifft, so steht es
theilweise wohl dem Zend näher, in anderen
Stücken aber wieder ferner, und da es überdiefs augenscheinlich mit dem Kaldäischen
und Syrischen gemischt ist, so darf man jetzo
noch viel weniger erwarten, dafs es mit dem
uralten Medischen übereinstimmen solle.
Diese Erwägungen müssen schon die
Wahrscheinlichkeit der angeführten Behauptung sehr schwächen; aber ich glaube überdiefs bestimmt nachweisen zu können, dafs
die Verwandtschaft zwischen dem Sanskrit
und Zend keinesweges so grofs ist, um dieses zu einer blofsen Mundart von jenem zu
machen, und dafs noch weniger die Verschiedenheit zwischen dem Zend und Persischen
so grofs ist, um den Verdacht zu rechtfertigen, dafs jenes eine fremde, aus einem anderen Lande eingeführte Sprache wäre. Ich
erlaube mir hier einige Sprachbemerkungen,
welche unumgänglich nothwendig sind, um
über eine so äufserst unbekannte Sprache zu
urtheilen; sie können auch einige Wichtig-
keit

keit für den Sprachfreund haben in sofern
sie nicht aus Anquetils Wortverzeichnis, sondern aus den genauesten und ältesten Zendischen Handschriften, so noch auf der Welt
zu finden, gezogen sind.

1. Die Aussprache und ganze äufsere
Form des Zend ist sehr verschieden vom
Sanskrit. Es hat zwölf einzele Selblaute, vierzehn Doppellaute (*ai, âi, au,
âu, ao, âo, ui, ûi* und dergl.), und drei Drei-
laute (*aei, aoi, aou*), aufser den Lauten,
welche aus den Mitlauten *y* (*j*) und *w* her-
vorgehen; endlich hat es dreifsig Mitlaute. Es gibt wohl noch einige wenige
Figuren, wo das *y* zwei verschiedene Ge-
stalten zu Anfang und noch eine dritte in
der Mitte der Wörter hat, und auch das *w*
hat eine solche Doppelgestalt für den Anfang
und für die Mitte: aber wirklich verschiedene einzele Buchstaben gibt es hier nur die
hergezählten zwei und vierzig.

Das Sanskrit dagegen hat, zwar auch
zwölf einzele Selblaute, aber darunter sind
viere dem Zend durchaus fremd, nämlich
ie ié, ø, ø (oder wie sie geschrieben zu wer-

den pflegen, *rĭ, rî, lŭ, lû*). Die Altindische
Sprache hat ferner nur zwei Doppellaute (*ei,
ou*), und gar keinen Dreilaut.

Unter den Selblauten hat das Zend das
harte *f* und *v* (verschieden von *w*) sammt
den Arabischen Buchstaben غ, ڤ, خ, ن
und dem Persischen ژ: welche sieben Buchstaben in der Devanâgâri-Schrift fehlen.
Das Sanskrit hat dagegen zehn stumme
End-Buchstaben, von welchen allen die
Zendsprache nur einen einzigen hat, nämlich
th. Ihr mangelt aufserdem das *l*, und das
Indische Visargah oder Arabische ة am
Ende der Wörter. Also gehen ihr in allem
eilf von den Mitlauten der Altindischen Sprache ab.

Aus dieser Vergleichung ersieht man,
dafs das Sanskrit und Zend in Hinsicht der
einzelen Laute verschiedener sind, als das
Griechische und Isländische: was schon hin-
reichend scheint, um das eine nicht für eine
Abart des andern anzusehen.

Es ist merkwürdig, dafs das Armenische, welches bekanntlich eine uralte Grund-

sprache dicht neben Medien ist, alle sieben
angeführten Mitlaute besitzt, welche im Sanskrit fehlen. Ebenso hat die andere unmittelbar an das alte Medien gränzende Sprache, das Fârsî, alle diese Buchstaben in echt
Persischen (nicht Arabischen) Wörtern z. B.
in افتاب, Sonne; اغاز, Anfang; جاقو,
Messer; دخنر, Tochter; رتك, Ruhe. Diese Lautübereinstimmung mit anderen Iranischen Nachbarsprachen, und Verschiedenheit
von der Indischen, scheint vernehmlich das
Zend aus Indien nach der alten Heimat
zurückzurufen, der es Anquetil du Perron, zufolge der allgemeinen Meinung, zu-
eignete.

2. Das innere Beugungssystem oder die
Formlehre der Zendsprache stimmt nicht allein mit dem Sanskrit überein, sondern nähert sich in einigen Fällen noch mehr
dem Phrygischen (oder Thrakischen)
Sprachstamm, und ist in anderen ganz eigen-
thümlich: was zu beweisen scheint, dafs das
Zend eine eigene Sprache ist, die zwischen
das Griechische und Sanskrit gestellt werden

mufs, gerade so wie Medien in der Mitte
zwischen Indien und Griechenland liegt.
Als Beleg zu dieser Bemerkung mag Fol-
gendes dienen. Die erste (offene) Declination der
Substantiva im Sanskrit, nämlich die auf
aм, ah, â, die Griechische auf *ον, ος, η*, endet sich im Zend auf *æm, ô, (æ)*. Die zweite Substantiv-Declination im Sanskrit und
Griechischen findet sich ebenfalls hier, und
endet auf *is, us* (entsprechend der vierten Lateinischen Declination). Die geschlechtslosen
Wörter auf *ος, us*, z. B. *γενος, genus*, enden
sich hier auf *ô*, und haben eine ganz eigenthümliche Beugung. Zur Probe von der Zendischen Substantiv-Declination will ich einige Verhältnisformen in der Einzahl von den
Wörtern *Zaraþustrô*, Zoroaster; *paitis*, Herr;
und *manô*, Sinn, Gemüth, (Sanskrit *patih*,
manah) hersetzen; das letzte ist geschlechts-
los *).

---

*) Rask ordnet hier, wie in seiner Angelsäch-
sischen, Isländischen und Friesischen Sprachlehre
durchgängig, die Casus nach ihrem logischen und
organischen Zusammenhange: dem auch Dobrows-

Nominativ	*Zaraþustrô*	*paitis*	*manô*
Vocativ	*Zaraþustra*	*paiti*	*(manô)*
Accusativ	*Zaraþustræm*	*paitim*	*manô*
Instrumentalis	—	—	*manag̃ha*
Dativ	*Zaraþustrâi*	*paite*	*managhe*
Ablativ	*Zaraþustrâth*	*paitôis*	*manag̃hô*
Genitiv	*Zaraþustrahe*	*paitôis*	*manag̃ha*

Der Dativ auf *âi* (*Zaraþustrâi*) ist der Griechische auf ῳ. Der Genitiv auf *ôis* ist sehr verschieden von dem Sanskritischen auf *eh* oder *yâh*. Die geschlechtslosen Wörter auf *ô* haben die eigenthümliche Veränderung *g̃h*, anstatt des *s* im Sanskrit und des *r* im Lateinischen.

Die **Adjectiva** werden eben so wie die Substantiva decliniert. Ihre höchse **Steigerung** wird durch die Endung *tæmô* ausgedrückt, was das Sanskritische *tamah* ist.

Die **Pronomina** stimmen mit den Sanskritischen überein, obschon zuweilen regelrichtiger, als diese: z. B. von dem Sanskritischen Worte *idam*, dieser, ist hier das geschlechtslose *imath*, männl. *imæm*, weibl. *imam·*

ky, in seinen *institutiones linguac Slavicae* (1822) gefolgt ist. **H.**

Die Zahlwörter sind keinesweges blofse Abänderungen der Sanskritischen: z. B. *qswas*, sechs, Sansk. *sha*ꝧ; *hapta*, sieben, das Griech. ἑπτα, Sanskr. *sapta*. Die Ordinalzahlen sind, männl. *paoiryô, bityô,* ꝧ*riðjî* (Isländ. ꝧ*riðji*, ꝧ*riðja*), *tûiryô, pûqð̂ô, qstwô, hapta*ꝧ*ô, astæmô, nâumô, daçmô:* sämmtlich abweichender vom Sanskrit, als die Lateinischen oder Littauischen.

Die Verba bilden die erste Person des Präsens durch die Endung *âmi, emi, omi,* wie im Sanskrit und im Äolischen; die Conjugation nähert sich jedoch mehr der Sanskritischen. Der Imperativ hat hier ebenso die erste Person; z. B. auf der Kupfertafel in Anquetil's *Zend-Avesta Th. I, S.* 77: „*Frawarâne mazdayaçnô,* Zaraꝧustris, *widaewô, ahurathkaeshô dâtai haɟa, dâtâi wîdaewâi* Zaraꝧustrâi" u. s. w. was nicht das Präsens zu sein scheint, wie Anquetil es übersetzt, sondern ein feierliches Gelübde: „*Venerabor (semper ut verus) Oromazdis cultor, Zoroastris assecla, daemonum adversarius, sanctae legis sectator datum (huc, in mundum?) datum contra daemones Zo-*

roastrem etc." Es scheint zweifelhaft, ob
dieses *datum contra daemones* oder *datum
(nobis) antidaemonem* wirklich das zum Zend-
Avesta gehörige Buch Vendidad bezeichnet, wie Anquetil annimmt, oder blofs ein
Beiwort Zoroasters ist; aber dafs es eine fei-
erliche Erklärung, oder vielleicht ein Gebet
„möge ich allezeit verehren!" und nicht eine
blofse Erzählung, ist sehr klar. Die Endung
entspricht auch der Sanskritischen ersten Person des Imperativs *-àni*, welche niemals im
Indicativ vorkömmt.

3. Aber um zur Sprache selber zurück-
zukehren, so findet sich im Neupersischen
eine bedeutende Anzahl ursprünglicher Wörter, welche offenbar aus Zendischen stammen
oder entstellt sind, und nicht aus Sanskritischen: was nicht leicht erklärt werden kann,
wenn das Zend eine fremde Sprache, und niemals in Persien geredet worden wäre; z. B.

Zend.	Dänisch.	Deutsch.	Persisch
Gaeþô	Verden	Welt (alt werlt)	*giti*
àçmânò	Himmel	Himmel	*àsmàn*
hwaræ qsætô	Sol	Sonne	*xôr-shid*

Zend.	Dänisch.	Deutsch.	Persisch.
mâogho	Måne	Mond (alt måne)	} *mâh*
mâhyô	Måned	Monat	
çtârs	Stjærne	Stern	*sitâre*
raoqsnô	Lys	Licht	*roushün*
âtars	Ild	Feuer	*âtäsh*
garæmô	varm	warm	*gürm*
qsaps	Nat	Nacht	*shäb*
drajô	lang	lang	*dirâz*
zairi	Guld	Gold	*zär*
çtaomi	jeg priser	ich preise	*sitâyäm*
mærætô	en Mand	Mann	*märd*
cashma	Öje	Auge	*cäshm*
gaoshô	øre	Ohr (Gothisch ausô)	*gôsh*
zafanô	Mund	Mund	*zübân*
bâzwâo	Arme	Arme	*bâzû*
zâwaræ	Styrke	Stärke	*zôr*
mahrkô	Død	Tod	*märg*
qsahyô	Konge	König	*shâh*
shôi͡rào	Byer	Städte	*shähr*
xag͡ha G. *xag͡hræm*	Søster	Schwester	} *x͞âhär*
açpô	Hest	Pferd	*üsp*

Zend.	Dänisch.	Deutsch.	Persisch.
mæræghô	Fugl	Vogel	*murgh*
pæræçath	han spurgde	er fragte	*pursîd*

Ich weifs sehr wohl, dafs mehrere dieser
Wörter auch mit dem Sanskrit verglichen werden können, ja einige von ihnen findet man
im Armenischen, Griechischen, Slavonischen
und Isländischen wieder; aber die Perser haben sie offenbar zunächst aus dem Zend:
z. B. *sitâre* ist hier nicht unmittelbar aus
dem Sanskritischen *târâ*, noch aus dem Griechischen αστηρ, entnommen, sondern aus dem
Zendischen *çtârs;* ebenso *cäshm* nicht aus
Sanskr. *caxhuh;* *bazû* nicht aus dem Sanskr.
bâhuh; *zôr* ist eine andere Wurzel, als das
Sanskr. *çûra,* welche letzte sich auch im
Zend findet, *çûro,* Held; *äsp* ist nicht aus
dem Sanskr. *açvah* (Lat. *equus*), sondern aus
dem Zend. *açpô,* und dafs dieses wirklich
die alte echte Form ist, ersieht man aus Altpersischen Namen z. B. Ὑςασπης. *) Auf die-

---

*) Über die etymologische und mythische Ein-
heit von *equus* mit Eiche, Altnord. *eyk* (und *eikr,*
Zugpferd), Niederd. Eeke, vgl. Kanne, erste Ur-
kunde der Gesch. S. 390. 465. Derselbe Zusam-

selbe Weise stammt *häzâr* هزار, Tausend,
sichtlich vom Zendischen *hazaḡrô*, nicht vom
Sanskr. *sahasrâм*, obschon ursprünglich beide wohl ein und eben dasselbe Wort sein
mögen; und so in manchen anderen Fällen.
Dieses allein schon scheint es zunächst
aufser allen Zweifel zu setzen, dafs das Zend
die alte Volkssprache wenigstens in einem
grofsen Theile des Landes gewesen ist. Wenn
dieselbe als eine heilige Sprache zum religiösen Gebrauch eingeführt worden, wie kam
denn das Volk dazu dergleichen Wörter und
Wortbildungen aufzunehmen, welche ganz
und gar nicht der Religion zugehören, und
einen Zeitraum von mehr denn tausend
Jahren hindurch so fest daran zu hangen,
sogar nach einer vollkommenen Religions-
veränderung? Das Wahre ist, dafs diese
Wörter zu den ältesten und unentbehrlich-
sten Ausdrücken gehören, welche sogar noch

---

menhang von R o f s und B a u m scheint in *asp, äsp*
mit E s p e, und vielleicht auch mit E s c h e, Altnord. *a s k r*. Vgl. Kanne, Urk. 370. 379. 405; Pan-
theum S. 129. 135. 178. 467; und Indische Mythe
S. 245. H.

in den am meisten vermischten Sprachen im-
merdar des Volkes wahren Ursprung zurück-
rufen. Auf solche Weise haben die Engländer, so vermischt ihre Sprache auch sein
mag, noch alle die entsprechenden Wörter
aus dem Angelsächsischen, mit einigen geringen Veränderungen, bewahrt, eben wie
die Perser diese aus dem alten Zend bewahrt haben.

Zur noch mehreren Bestärkung der alten Meinung, dafs das Zend die Ursprache
Mediens gewesen, will ich nur noch zwei
Umstände anführen. Der erste ist die Sprache der keilförmigen Inschriften in
Persepolis, so weit sie vom Professor Grotefend entziffert sind. Ich will dem Baron
de Sacy (in seinem Brief an *Melin*) gern
einräumen, dafs diese Entdeckung noch nicht
vollendet ist, aber so weit man aus den Zü-
gen des Neugeborenen urtheilen kann, mufs
man gestehen, es gleicht der Sprache Vater
Zoroasters gar sehr; und wo beide sehr abweichen, wäre ich geneigt einen Misgriff vorauszusetzen: z. B. in der Inschrift bei Nie-
buhr Th. 2. Taf. 24 G. habe ich, nach

Belluno's Bericht, in *The Transactions of de Bombay literary society*, die Genitiv-Endung in der Mehrzahl *ê. ch. â. o.*, welche nicht Zendisch ist, sehr in Verdacht, und vermuthe, man mufs lesen *a. n. ã. m.*, was die gewöhnliche Zendische Genitiv-Endung der Mehrzahl in der ersten Substantiv-Declination ist; und die beiden Buchstaben, welche hienach ihre Bedeutung verändern, würden durch dieselbe Veränderung auch das letzte Wort eben dieser Inschrift dem Namen *Achæmenides* näher bringen, welchen *de Saçy* hier vermuthete; ich denke, man mufs lesen: *â. q. a. m. n. ô. s. ô. h.* Die grofse Verwirrung und Ungenauigkeit in Anquetils Zendischem Alphabet hat Grotefend verhindert, darauf, als auf eine feste Grundlage, zu bauen, um die Anzahl und rechte Bedeutung der Keilbuchstaben herauszufinden. Er hat auf solche Weise in seinem Alphabet der Keilschrift (bei Belluno) nur dreifsig Buchstaben, von welchen er drei noch als zweifelhaft ansieht; aber die Sprache hat, wie wir gesehen haben, zwei und vierzig Buchstaben. Er hat nicht *u*,

û, v, w — i, î und *y* unterschieden; ja in
der ebengedachten Inschrift wird ein und eben
dasselbe Zeichen zugleich als *ê* und *â* gele-
sen, obgleich ein anderes Zeichen, welches
dreimal in derselben Inschrift vorkömmt,
ebenfalls durch *a͞* ausgedrückt wird. Sicher-
lich muſs man bei Entdeckung eines Alphabets aus so vielen und den Sanskritischen
so gleichen Zeichen, von der Voraussetzung
ausgehen, daſs j e d e r B u c h s t a b e n u r e i -
n e n b e s t i m m t e n L a u t h a t, u n d z w e i
o d e r m e h r e n i e m a l s e i n s u n d e b e n
d a s s e l b e b e z e i c h n e n. Das letzte ist
zwar der Fall mit *w* und *y* in der Zendischen
Buchschrift, aber diese ist, nach Erskine's
sehr glücklicher und sinnreicher Bemerkung,
erst spät aus der Pehlevî'schen gebildet; vermuthlich weil man die alte Keilschrift allzu
langwierig und unbequem für Bücher fand;
und bei dem beständigen Gebrauch in Handschriften konnten sich leicht solche kleine
Überflüssigkeiten einfinden, — so wie wir
noch ein doppeltes Zeichen für *r* (*ı*) und *s*
(*ſ*), und in der Schreibe - Schrift noch von
manchen anderen mehrere Buchstaben haben :

aber in einem ursprünglichen uralten Alphabet darf dergleichen nicht vermuthet werden.
Man mufs ferner auch darauf Rücksicht neh-
men dafs die Persopolitanischen Inschriften,
aller Wahrscheinlichkeit nach, Altpersisch
und nicht Medisch sind, und man folglich
nicht erwarten kann, dafs alle ihre Wörter
und Formen mit dem Zend übereinstimmen
sollen. Dafs aber nun desungeachtet eine
so grofse Ähnlichkeit zwischen den Keilin-
schriften und dem Zend besteht, so wohl in
Hinsicht der Buchstabierung, als der Beugung und selbst der Wörter (Wurzeln), ist
in meinen Gedanken kein geringer Grund
für den Satz, dafs das Zend das Altmedische ist.

Der andere Umstand, den ich anführen
wollte, ist die Sprache, welche am Kaukasus von dem Iranischen Volksstamme geredet wird, der von den Georgiern *Osi* (lies
Åsi, mit einem harten Dänischen *s*, welches
Klaproth auf Deutsche Weise durch *ss* (ß)
ausdrückt), von den Russen Osetinci genannt, und von Klaproth, in seiner Reise in den Kaukasus und nach Geor-

gien, aus geschichtlichen Gründen für einen Spröfsling der Meder gehalten wird.
Diese Sprache hat ihre alte kunstreiche Beu-
gungsweise verloren, so wie das Neupersische, aber noch einige eigenthümliche Wörter und Formen bewahrt, welche mit dem
Zend übereinstimmen und von allen anderen
Iranischen Mundarten abweichen. Ich will
hier nur einige wenige anführen, welche aus
einer kleinen, aber zuverlässigen Wortsamm-
lung entnommen sind, die der gelehrte Staats-
rath Fr. Adelung in Petersburg mir mitge-
theilt hat: حور (Hûr) die Sonne (nicht خور),
Zendisch Hwaræ; زخ (zax) die Erde, Zendisch zâo; أرت (ârt) Feuer, eine Umsetzung des Zendischen âtars. Eine andere
merkwürdige Umsetzung wird man in den
obenangeführten Wörtern bemerkt haben,
nämlich qs für das Neupersische sh (oder sch).
Jene Zendische Form, welche wir aus alten
Namen, z. B. Ῥωξανα (Zendisch raoqsnæ)
als die echte Altpersische ansprechen können, ist auch mit einer geringen Veränderung in der Osischen Mundart erhalten: z. B.
أخساف (axsâf) Nacht, Zendisch qsaps oder

qsafs, Persisch ﺷﻴﺐ (*shüb*); ﺃﺧﺴﺎﺯ (*axsâz*),
sechs, Zendisch *qswas,* Persich ﺷﻴﺶ, (*shüsh*);
ﺃﺧﺴﻴﺮ (*axsîr*) Milch, Persisch ﺷﻴﺮ (*shîr*), und
dergl. mehr. Die Nordische Sprache stimmt
zu der Neupersischen Form, wie: Isländ.
skûm, Dunkel; *skyr,* eine Art zubereiteter
Milch.

Soviel über das Zend und dessen Verhältnis zum Sanskrit und anderen Sprachen;
was nun den Zend-Avesta betrifft, so
scheint dessen Echtheit mit dem Alter und
der Wirklichkeit der Sprache, in welcher er
geschrieben ist, zu stehen oder zu fallen: indessen wird der Beweis seiner und seiner
Sprache Echtheit, durch folgende Betrachtungen noch bedeutend verstärkt werden.

Das Pehlevî und Pârsî (oder die
Persische Mundart der Gebern) setzen das
höhere Alter des Zend voraus, und es ist
klar, daſs Zoroasters Religion längst im Zend
vorgetragen sein muſste, bevor sie im Pehlevî oder Pârsi gepredigt wurde. Daher haben eine groſse Anzahl Engel und andere
gute oder böse Wesen im Pehlevi und Pârsî
Na-

Namen, die offenbar aus dem Zend entnommen sind; und obschon die Bedeutung nun
auch in dieser Sprache noch dunkel sein
kann, deren verlorene Kunde erst wieder
entdeckt werden mufs, so ist doch die Zendische Form der Wörter augenscheinlich die
e'chte und ursprüngliche, indem ihre Endungen und Beugungen hier gewöhnlicher sind
und ihre Bestandtheile häufig in anderen Verbindungen vorkommen: was beweist, dafs
sie bedeutungsvolle Formen und Wörter in
dieser Sprache gewesen sein müssen, die
nachmals in das Pehlevî und Pârsî übertragen,
oder vielmehr verdreht wurden, so dafs sie
darin durchaus keine Bedeutung mehr haben.
Auf ähnliche Weise ist einerseits leicht zu
erkennen, dafs die Wörter E n g e l, T e u f e l,
P r i e s t e r, B i s c h o f, E r z e n g e l, E r z b i-
s c h o f, nicht ursprünglich Deutsche Wörter
sind, da sie als solche keine Bedeutung enthalten, noch weniger ihrer Natur nach
Stammwörter sein können; und andererseits,
dafs $\alpha\gamma\gamma\epsilon\lambda o\varsigma$, $\delta\iota\alpha\beta o\lambda o\varsigma$, $\pi\varrho\epsilon\varsigma\beta\upsilon\tau\epsilon\varrho o\varsigma$, $\epsilon\pi\iota\varsigma\varkappa o\pi o\varsigma$,
$\alpha\varrho\chi\alpha\gamma\gamma\epsilon\lambda o\varsigma$, $\alpha\varrho\chi\iota\epsilon\pi\iota\varsigma\varkappa o\pi o\varsigma$ offenbar ursprüng-
lich Griechische Wörter sind, da ihre Be-

C

standtheile, Endungen und Formen in dieser
Sprache alle herkömmlich und bedeutungs-
voll sind. Beispiele solcher Art sind im Zend:
Ahurô mazdâo, Pehlv. *Anhumâ*,
Pârs. اورمزد (*ormuzd*). Das Pehlevi'sche
Wort könnte vielleicht eine Entstellung von
Elôhîm sein (anstatt *Alhumâ*); aber das
Pârsî'sche ist offenbar aus dem Zendischen,
wo das Wort *Ahurô* (der Sylbe اور, *ôr*, entsprechend) nicht ein Theil des Namens der
Gottheit, sondern ein Beiwort ist, welches
auch anderen Wesen beigelegt wird, und vermuthlich heilig bedeutet: so wie wir sagen
guter Gott, und in der Edda *gin-heilög
god*, hochheilige Götter. *Mazdâo*
allein ist Eigenname, daher auch das Beiwort in Zusammensetzungen abfällt, z. B.
mazda-yaçnô, ein Gott-Anbeter, *mazda-dâtô*,
von Gott gegeben, u. s. w.
    Agro mainyus ist verdrehet zu *Ahri-
man*, was eben so wenig als Ormuzd, irgend eine Bedeutung hat; wogegen der Zendische Ausdruck deutlich aus einem Beiwort
im männl. Geschlecht *agrô*, böse, besteht,
und aus einem männlichen Hauptworte *main-*

yus, Geist, einer Ableitung des oben angeführten *manô*, Gemüth, Griech. μενος; entsprechend dem Ausdruck *Dus-mainyus*, Feind,
Pers. ڊﺴﻤﯿﻦ, Gr. δυς-μενης.

Amæshô çpæntô ist im Pehlevî zu
Amhuspand, im Pârsî zu امشاسفند (*amshâs-
fänd*) verdreht, gleich bedeutungslos in beiden Sprachen. Der Zendische Ausdruck ist
hier offenbar wieder ein Haupt- und Beiwort. Das vordere ist vielleicht das eigentliche Wort für Erzengel; das hintere ist ein
Beiwort, welches vortrefflich, erhaben
bedeutet, und häufig in anderen Verbindungen vorkömmt, z. B. zu Anfange des zum
Zendavesta gehörigen Buchs Izeshne wird
Ormuzd *mainyus çpæntôtæmô, spiritus
excellentissimus*, genannt.

Mithrô wird im Pehlevî *Matûn* genannt,
und im Pârsî مهر (*mihr*): nach dem Griech.
Μιθρας, meine ich, ist es klar, dafs die Zendische Form die echte Altpersische ist.

Qshathrô wairyô ist im Pehlevî in *Sha-
tevin*, und im Pârsî in شهريور (*Shährivär*)
verwandelt; beides wieder ohne alle Bedeutung.

Das Zendische enthält dagegen das Haupt-
wort *qsha⸥rô*, König, und das Beiwort
wairyo, über dessen Bedeutung ich nicht
ganz sicher bin; die Pârsen erklären es
durch ﺷﻬﺮﻳﺎﺭ, ﻣﺮﺍﻥ. Im Pehlevî und Pârsî
hat man den vorderen Theil dieses Worts verwechselt mit *shôîꞃre*, Stadt, Pehl. *shatûn*,
Pârs. ﺷﻬﺮ, was doch offenbar ein anderes
Wort ist.

Es würde zu weitläuftig sein, noch mehr
Beispiele anzuführen, besonders da das Zend
noch eine so höchst unbekannte Sprache ist,
daſs es nur ein geringes Licht auf die wahre
Bedeutung dieser Ausdrücke wirft, und weil
ohnediefs ein jeder Kundige einsehen wird,
daſs kaum irgend eine Benennung der Wesen, Gebräuche, Geräthe u. s. w., welche der
Religion Zoroasters angehören (z. B. *Ohno-
ver, Ferverdin, Isfend-ârmed, Ani-
rân, ized, Barsom, Penâm, Kosti,
Sadre* u. s. w.) aus irgend einer andern
Grundsprache erklärt oder darauf zurückge-
führt werden kann, als auf das Zend: was
hinlänglich ist, zu beweisen, daſs diese Religion zuerst in dieser Sprache gestiftet sein

mufs. Auch würde diese Sprache sonst nicht
bei allen religiösen Vorlesungen, und bei öf-
fentlichen und häuslichen Andachtsübungen
eines jeden, der Ormuzds Namen anbetet,
welcher Partei und welches Landes er auch
sei, dem Pehlevî und Pàrsî vorgezogen sein.
Man wird leicht einsehen, wie sehr dieses dazu dient, die alte Meinung zu bestärken, dafs das Zend die Altmedische Sprache
sei; denn wenn es die Ursprache ist, worin
die Pàrsîsche Religion zuerst gestiftet worden, so kann sie unmöglich irgend eine
fremde Sprache sein.   Auf welche Weise
sollte sie nämlich in solchem Falle mit dieser Religion verbunden worden sein? Ist die
Pàrsische Religion aus Indien in Persien eingeführt? oder ist der Persische Prophet nach
Indien gegangen, um die Indische Sprache
und Weisheit zu lernen? Und, welchen von
diesen beiden Fällen man auch annehme,
warum wurde denn nicht Indiens heilige
Sprache so eingeführt, wie sie war? Wie
konnte es diesem Gesetzgeber einfallen, fast
jedes Wort, jede Flexion des Nomens und
Verbums in einer fremden Sprache zu ver-

ändern, welche schon so wie sie war, dunkel genug erscheinen mußte? Denn beim
Verbum findet man nur sehr selten ein ein-
zeles Wort im Zend, das vollkommen mit
dem Sanskrit übereinstimmte. Ferner, warum sollte er eine so große Menge von Laut-
verbindungen und Wörtern einführen, welche Indien fremd sind, von denen sich
aber einige im Griechischen, Deutschen und
Isländischen wiederfinden? z. B. die Prä-
position *math*, mit, (Lat. *cum*) Griech.
μετα, Gothisch *miþ*, Isländ. *með*; wobei bemerkt zu werden verdient, daß diese Präpo-
sition im Zend, wie im Gothischen und Isländischen, den Dativ regiert, und nicht, wie
im Griechischen, den Genitiv.

Überhaupt, es läßt sich gar nich einsehen, warum Zoroaster eine fremde Sprache
wählen sollte, anders als alle andere Gesetzgeber und Religionsstifter des Alterthums;
oder, wenn er solches doch gethan hätte,
wie er nur einen von seinen Landsleuten
dadurch bekehren konnte; oder endlich, wenn
er mit Hülfe des Arms der weltlichen Macht
seine Gottesverehrung durchgesetzt hätte,

wie seine selbstgewählte oder selbstgemachte
Sprache irgend jemals die Menge durchdrin-
gen und darin eine so tiefe und unverkenn-
bare Spur zurücklassen konnte, welche bis
auf diesen Tag noch nicht auszutilgen war.
Es geschieht nur in einem späten Zeitalter,
fern von der Stiftung einer Religion, oder
wenn diese sich über fremde Länder verbreitet, dafs die heilige Sprache von der Volkssprache verschieden wird, indem das Volk,
oder doch wenigstens die Priester, mit Ehr-
furcht der alten Sprache anhangen, worin
die Religion zuerst gegründet wurde.

Wenn endlich die Zendsprache wirklich
die alte Medische Sprache zu Zoroasters Zeit
war, so können die darin vorhandenen alten
Schriften unmöglich erst aus A r d e s h î r B a-
b e g â n s Zeit herrühren, nachdem die Religion schon vernachlässigt war, und im Laufe
mehrerer Jahrhunderte sich die Landesspra-
che verändert hatte. Wie konnte irgend etwas in einer so schwierigen ausgestorbenen
Sprache geschmiedet oder verfafst werden,
welche drei Geschlechter hat, wenigstens
sechs Casus, in der Einzahl wie in der Mehr-

zahl, sechs Substantiv-Declinationen, eine
eigene Declination des Pronomens, sechs
oder mehr Conjugationen mit manchen eigenthümlichen Modus und Zeiten? Wie konnte eine solche Menge verwickelter Regeln,
welche sogar mit einer guten Sprachlehre in
der Hand ein sehr ernstliches Studium erfor-
dern würden, in einem Buche, so dick als die
Bibel, durchgängig beobachtet werden, wenn
dasselbe in einer unwissenden Zeit verfaſst
oder aus dem Gedächtnis wieder aufgeschrie-
ben wäre? Ferner, wenn Priester, durch die
Regierung begünstigt, eins von Zoroasters
Büchern zu Stande brachten, warum sollten
sie nicht auch die übrigen wieder herstellen,
oder die Gelegenheit benutzen, den Mangel
durch etwas Eigenes zu ersetzen, zu ihrem
eigenen Vortheil oder für die Regierung!
was ihnen doch sehr leicht sein muſste, wenn
sie ein Buch von dem Umfange des Zend-
Avesta hervorbringen konnten, oder zuvörderst hervorgebracht hatten. Kurz, wenn der
Zend-Avesta von unwissenden Priestern in
Ardeshîr Babegâns Zeit, entweder gar erst
verfaſst, oder aus dem Gedächtnis aufge-

schrieben worden, so ist das ein noch tau-
sendmal unwahrscheinlicheres Wunderwerk,
als dafs einige Bruchstücke, von welchen
man aufrichtig zugesteht, dafs sie kaum nur
ein Zwanzigtheil von Zoroasters ganzem
Werke betragen, Alexanders Verfolgung und
der Geringachtung der nachfolgenden Zeiten
entgangen sein konnten. Es ist auch schwer-
lich zu begreifen, wie der Zend - Avesta irgend
einmal gänzlich vernichtet werden mochte.
Unter Alexander konnte solches kaum durch
das ganze ungeheure Reich ausgeführt werden; und nach seiner Zeit fand keine ge-
waltsame Verfolgung statt, bis auf die Muhammedanische Eroberung. Überdiefs mufs
der Text ja bis nach Alexanders Zeit vorhanden gewesen sein, da er ins Pehlevî
übersetzt wurde. Wann dieses letzte ge-
schehen, ist nicht leicht mit Gewisheit zu
bestimmen; aber es ist bekannt, dafs das
Pehlevî unter dem Ashkanischen oder
Parthischen Königsstamme blühte, und
dagegen das Pârsî unter dem Sassani-
schen: weil indessen unter den Parthischen
Königen die alte Religion vernachlässigt war,

hingegen Ardeshîr Babegân aus dem Sassa-
nischen Hause bekannt ist durch seine eifri-
gen Bestrebungen, die Religion und Wissen-
schaftlichkeit wieder zu beleben, so meine
ich, es ist nicht unpassend, die Pehlevîsche
Übersetzung seiner Zeit zuzuschreiben, ungefähr 230 nach Chr. Nachher kam auch
das Pehlevî aus dem Gebrauche, bis es zuletzt durch eine königliche Verordnung ver-
boten wurde. Von dieser Zeit an sind Text
und Übersetzung beständig Hand in Hand
gegangen und von dem ganzen Volke für
echt erkannt worden, so wohl bei denen,
die nach Indien flüchteten, als bei denen,
die unter dem eisernen Scepter der Muham-
medaner zurückblieben, und die Bücher bei-
der Theile stimmen durchgängig überein,
bis auf einzele Lesarten. Nachdem die Übersetzung gemacht war, hat sich ebenfalls der
Text fortwährend erhalten; es ist auch klar,
dafs er schon geraume Zeit mufs bestanden
haben, bevor die Übersetzung gemacht wurde, weil er schon so dunkel und unverständ-
lich geworden, dafs er einer Übersetzung be-
durfte, und weil die Namen der Wesen, wel-

che man verehren oder bekämpfen sollte, so
veraltet und entstellt worden, daſs sie beinahe alle die Bedeutung verloren haben,
welche sie ursprünglich hatten. Ja, es ist
klar, daſs der Übersetzer zuweilen den alten Text gar nicht verstand, sondern Einbil-
dungen seiner eigenen Fassung anstatt der
sehr einfachen Vorschriften setzte. Ich will
davon nur ein auffallendes Beispiel anführen. In dem vierten Abschnitte (Fargard)
des Vendidad wird eine Menge Verge-
hungen angeführt, welche man durch gewisse
Buſsen sühnen muſs; dieselben werden hierauf nochmals hergezählt, und eine leibliche
Züchtigung für jede bestimmt, in Ermangelung des Geldes, wie sich denken läſst, um
die Buſse zu bezahlen: aber anstatt dieser
einfachen und natürlichen Gesetzvorschrift,
bestimmt der Pehlevîsche Übersetzer, wie
viel Jahre man für jedwedes Vergehen in
der Hölle zubringen muſs! Demnach kann
der Text, meine ich, keinesweges in dem
dunklen Ashkanischen Zeitraum, und noch
weniger unter Alexander und seinen Nach-
folgern, hervorgebracht sein; auch findet sich,

so viel ich weifs, kein Wink in der Geschichte oder Sage, welcher zu der Vermuthung führen könnte, dafs der Zend-Avesta
binnen dieser ganzen Zeit sei geschmiedet
worden.

So wären wir denn mit unseren alten
Zendschriften bis in die Zeit vor Alexander
gelangt, gerade zu dem Königshause, unter welchem Zoroaster gelebt haben soll.
Weiter zu gehen, ist für diefsmal nicht meine Absicht; denn Zoroasters Lebenszeit genau zu bestimmen, ist gewis nicht leicht.
Einige merkwürdige Thatsachen oder wenigstens Winke dürften jedoch noch leichtlich
entdeckt werden, z. B. in dem Vistaçp-
yesht, von welchem ich eine sehr schöne
Handschrift mit heimgebracht habe, und vielleicht auch in den anderen Zendischen Büchern, wenn sie von verständigen Gelehrten
untersucht werden, welche die Sprachkunde
besitzen, die Anquetil fehlte.

Ich bin auch weit entfernt, darauf zu
bestehen, dafs alle die Zendischen Bruchstücke, welche wir noch übrig haben, echte
Werke von Zoroaster selbst seien; aber ich

meine, dafs sie vor Alexanders Eroberung, oder
wenigstens doch bald darnach, verfafst sind.
Bis zu jener Zeit, stelle ich mir vor, war das
Zend beständig eine lebende Sprache, und
vermuthlich mit der eigentlichen Altpersischen nahe verwandt, und einige Gebete, li-
turgische Formeln u. dergl. mögen leichtlich
von Priestern, lange nach des Propheten Tode,
verfafst sein: aber auf Alexanders Zeit folgte
eine grofse Verwirrung, die alte Sprache
verlor sich, die Religion verfiel, der heilige
Text mufste übersetzt werden, und es scheint
unmöglich, dafs nach dieser Zeit noch irgend
ein richtiges Zendisches Stück geschrieben
werden konnte, welches ein solches Ansehn
und eine solche Allgemeinheit, nicht blofs
bei den Priestern, sondern auch zur Haus-
andacht bei einer so ausgebreiteten Menge
hätte erlangen können.

Herstellung des Zend-Alphabets.

Da ich nirgends ein genaues Zend-Al-
phabet gesehen habe, auf welches ich den
Leser hinweisen könnte, so bleibt nichts
übrig, als dasjenige vorzunehmen, das Anquetil du Perron im Zend-Avesta Th. 2,
S. 24 gegeben, und Kleuker in seiner Ver-
deutschung des Zend-Avesta Theil 2, S. 69,
Taf. 2, so wie Meninski in der zweiten
Ausgabe seines *Thesaurus*, Einleitung Taf. 2,
wiederholt hat, und daran zu versuchen, ein
richtigeres aufzustellen, um die Bedeutung
der in den angeführten Zendwörtern gebrauch-
ter Buchstaben zu erklären, und nachzuwei-
sen, dafs die Sprache wirklich die Buchstaben hat, welche ich ihr beilege *).
Anquetils Nr. 1 ist das kurze *a*, welches die Engländer, nach Gilchrist's System, mit *u* schreiben, und nicht *e*.

---

*) Die deshalb beigefügte Schrifttafel macht
diefs alles anschaulich.

Nr. 2 ist *b.*

Nr. 3 ist *t.*

Nr. 4 ist das Englische *j*, das Italienische *ge, gi*, welches die Franzosen und Hol-
länder mit *dj* zu schreiben pflegen.

Nr. 5 enthält verschiedene Buchstaben,
was ich daraus schliefse, dafs sie in verschiedenen Wörtern und in verschiedenen Verbindungen gefunden, und niemals, in alten guten
Handschriften, verwechselt werden. Das letzte Zeichen halte ich für ڽ oder *q;* und das
erste für einerlei mit dem Hauchbuchstaben,
das heifst mit ح, oder *x* nach der alten Spa-
nischen Aussprache (unser Deutscher Ach -
Laut): ich habe nämlich bemerkt, dafs der
Zug, welcher den untersten Theil der Figur
bildet, auch in anderen Buchstaben die
Aspiration bezeichnet.

Nr. 6 enthält vier Zeichen, welche drei
verschiedene Buchstaben ausmachen: das erste ist unser gewöhnliches *d;* das zweite
würde ich durch das Isländische und Angelsächsische *đ* ausdrücken, welches zuweilen
regelrecht mit *d* abwechselt, aber niemals

48

damit verwechselt wird *). Die beiden letzten Figuren sind blofs gleichgeltende Arten
das aspirirte *t* zu schreiben, mit zwei Stri-
chen oben, oder *th*, und aus dem Buchstaben *t* (Nr. 3) gebildet, mit Anfügung des
unter Nr. 5 gedachten Zuges, um die Aspiration auszudrücken.

Nr. 7 ist unser gewöhnliches *r*.

Nr. 8 ist das Holländische, Englische
und Französische *z*, das Neugriechische ζ,
das Deutsche leise *s*.

Nr. 9 ist eine Art *s*, welche dem ersten
der drei *s*-Buchstaben im Indischen Devanâ-
garî-Alphabet entspricht. Ich meine, dafs
wir es am richtigsten durch ç ausdrücken,

weil

---

*) Nämlich als Aspiration von *d* = *dh*, neben
dem folgenden *th* von *t:* wie das Indische schon
beide Aspirationen hat; s. Bopps Lehrgebäude des
Sanskrit (1824) S. 2. Im Gothischen steht das folgende *th* für beide, gibt sich aber in der Umlau-
tung von *d* (z. B. *bath* von *biddjan*) noch als *dh*
kund. Das Althochdeutsche unterscheidet ebenso
dh von *th*, und das Altsächsische schreibt jenes
auch *đ*, wie das Angelsächsische (neben þ = *th*),
aus welchem letzten es auch Rask in seine Isländische Sprachlehre und Ausgabe der beiden Edda's eingeführt hat. H.

weil es in den Europäischen Sprachen ge-
wöhnlich in *c* oder *k* übergeht: z. B. das
Sanskritische *paçuh*, Zendisch *paçus*, Stute,
ist das Lateinische *pecus* *); Sanskr. und
Zend. *daça*, zehn, ist das Griechische δεκα,
Lat. *decem*, u. dergl.

Nr. 10 enthält drei Figuren: die erste
ist das gewöhnliche harte *s* (das Deutsche ß),
wird aber oft mit der letzten verwechselt,
welche das Englische *sh*, das Französische
ch, und das Deutsche *sch* ist. Die Ursache
dieser Verwechslung ist vermuthlich, weil die
erste dieser Figuren im Pehlevî für *sh* gebraucht wird, die Pârsîschen Abschreiber
aber lange Zeit weit mehr mit dem Pehlevî,
als mit dem Zend, bekannt gewesen sind.
In den ältesten Handschriften werden beide
Buchstaben gleichwohl noch ziemlich genau
unterschieden. Die mittelste dieser drei Figuren kommt in den ältesten Handschriften
in solcher Gestalt vor, dafs sie deutlich als
eine Zusammensetzung aus dem ersten, näm-

---

*) Gothisch *faihu*, Vieh, Schlesisch **Vich.**
Ebenso Gothisch *taihun*, zehn. **H.**

lich *s*, und dem Buchstaben *k* (Nr. 13) zu
erkennen ist: es ist folglich, obschon sie zuweilen mit *sh* verwechselt wird, als *sk*, und
nicht als einfacher Buchstabe anzusehen.

Nr. 11 ist das Arabische غ.

Nr. 12 ist *f*.

Nr. 13 ist *k*.

Nr. 14 enthält zwei Zeichen: das erste
ist unser gewöhnliches hartes *g*; das letzte,
vermuthe ich, ist aus einem oder anderm
Misgriffe hervorgegangen, da ich nirgends
ein ähnliches Zeichen für irgend eine Art
von *g* angetroffen habe.

Nr. 15 ist unser *m*.

Nr. 16 ist das aspirierte *m*, aus dem vorigen gebildet, durch Anfügung des Aspira-
tionsstrichs (Nr. 5); da es aber gleichgel-
tend bald auf diese Weise, bald mit zwei
verschiedenen Buchstaben *hm* (Nr. 19 und
15) geschrieben wird, so kann es fast nur
als eine Verkürzung betrachtet werden *).

Nr. 17 ist unser *n*.

---

*) Rask bezeichnet es oben (S. 20.) durch *M*.
vgl. Nr. 30.

Nr. 18 besteht aus zwei verschiedenen
Zeichen von verschiedenem Gebrauche und
Bedeutung: das letzte ist das gewöhnliche
Dänische und Englische harte *v* (unser tv);
das erste dagegen ist das gelinde Englische
w (fast *u*) zu Anfang der Wörter; in der
Mitte wird derselbe Laut durch das Zeichen
Nr. 35 ausgedrückt, mit welchem es folglich
zusammengestellt sein sollte.

Nr. 19 ist das starke Dänische, Englische und Deutsche *h*.

Nr. 20 ist der Mitlaut *j*, ausgedrückt
durch zwei verschiedene Figuren, welche
beide nur zu Anfang der Wörter gebraucht
werden. Dieses *Je* wird, nach dem von den
Engländern und Franzosen bei den Asiatischen Sprachen eingeführten Gebrauch, am
richtigsten mit *y* bezeichnet, welches in diesen Sprachen niemals als Selblaut gebraucht
wird *).

*) Ich habe hier, so wie durchgängig, Rask's
aus diesen oder anderen geschichtlichen Gründen
angenommene Schreibung beibehalten. Sonst haben wir in Deutschland solche fremde Laute schon

D 2

Nr. 21 enthält zuvörderst denselben Mitlaut *Ye* (Dänisch und Deutsch *j*), wie er in
der Mitte der Wörter geschrieben wird; sodann den langen Selblaut *i*.

Nr. 22 ist das Englische *ch*, Französische *tch*, Deutsche t{ch}, Italienische *ce*. Ich
würde es am liebsten durch *c* allein ausdrücken, immer als das Ital. *ce*; *ci* zu spre-
chen, oder allenfalls durch *c* mit einem Zeichen darüber, wie es Meninski braucht, oder
wie es im Böhmischen und anderen Slavischen Sprachen gebraucht wird; weil es im
Sanskrit und in manchen anderen Indischen
Mundarten, so wohl allein, als noch mit einer Aspiration verbunden vorkommt, welches
letzte also durch *ch* bezeichnet werden muſs,

unserer Schrift gemäſs auszudrücken gestrebt, als:
dieses *y* durch *j*; das *c* (Nr. 22) durch t{ch}; das *z*,
Franz. *j* (Nr. 24) durch (d){ch}; das obige *sh* (Nr.
10) durch {ch}; *z* (Nr. 8) durch *s*; *s* (Nr. 10) durch ſs;
und *v* (Nr. 18) durch w. — Volney hat bekanntlich eine Preisaufgabe über die beſste Schreibung
der morgenländischen Sprachen durch Europäische
Schrift ausgesetzt, welche der Oberbibliothekar
Scherer zu München gelöst hat: möchte dieser
sich doch durch öffentliche Mittheilung auch unsern
Dank verdienen. H.

in Übereinstimmung mit *j, jh; k, kh; g, gh*
und dergl.

Nr. 23 ist unser *p.*

N. 24 ist das gelinde *z* (Nr. 8) mit der
Aspiration, also das Windische *x* bei P.
Dainko, das Krainische *sh* bei Kopitar,
das Russische und Servische *zhivete* bei
Wuk Stephanowitsh Kadjitsh, das
Französische j, welches, wie im Böhmischen,
Polnischen und Littauischen, am richtigsten
z mit einem Zeichen darüber, oder in Er-
mangelung desselben, *zh* geschrieben wird.

Nr. 25 ist der kurze Selblaut *i*, nicht *e*,
wie leichtlich aus Vergleichung mit dem langen *î* (Nr. 21) zu erkennen ist.

Nr. 26 besteht wieder aus zwei Zeichen, welche zwei verschiedene Selblaute
darstellen: das erste ist das kurze Dänische,
Deutsche und Italienische *u*, das andere ist
das kurze *o.*

Nr. 27 ist der lange Selblaut *ô*, entsprechend dem eben angeführten kurzen *o.*

Nr. 28 enthält zwei Figuren: die erste
ist das Dänische kurze *æ*, z. B. in *træt*
(müde) *Hjærte* (Herz), das Deutsche kurze

ä *), das Französische *è* in *après* u. desgl.
Ich ziehe vor, diesen Laut mit æ zu schreiben, da derselbe auch lang vorkömmt, und
in solchem Fall also mit einem Tonzeichen
darüber bezeichnet werden mufs: æ̂ **). Dieser Laut æ, so wohl lang als kurz, verschieden von *e*, kommt auch in manchen anderen
Sprachen, auf dieselbe Weise geschrieben
vor, z. B. im Grönländischen bei *Fabricius*,
und im Singalesischen bei *Callaway* (siehe
*Callaway's School Dictionary, Cingalese and
English, and English and Cingalese*, Colom-
bo 1821.). Die andre Figur unter Nr. 28

---

*) Das auch durch *e* ausgedrückt wird in be-
hende (von Hand), rennen (rann), wie
durchaus der Umlaut des kurzen *a* in der alten
Schreibung, welche nur den Umlaut des langen *à*
durch æ oder ä̊ ausdrückt. H.

**) Rask setzt hier æ, und bezeichnet die lan-
gen Vocale durchgängig mit dem Acutus *á, é, í, ó, ú:*
ich habe dafür den gewöhnlichen, altherkömmlichen
und für die Bezeichnung der Länge (als Doppellaute, Zusammenziehung) geschichtlich bedeutenden
Circumflex gesetzt, und verweise deshalb auf meine
Abhandlung über die Tonzeichen, bei Gelegenheit
von Notkers Schriften, in den Denkmalen des
Mittelalters (1824) Heft 1. H.

ist das gewöhnliche *e,* mit demselben Laute,
wie im Sanskrit und in anderen Indischen
Mundarten.

Nr. 29 ist ein *a* mit dem Nasenlaute,
das Französische *an,* welches am richtigsten
durch das Polnische *ą,* oder in Ermangelung
desselben durch ã bezeichnet wird, damit
es nicht mit der harten Sylbe *an* verwechselt werde, von welcher es sehr verschieden ist.

Nr. 30 ist ein Nasen-Mitlaut, verschieden von dem schlichten *n* (Nr. 17). Da es
niemals zu Anfang eines Wortes vorkommt,
so kann es, ohne Verwirrung, durch den An-
fangsbuchstaben *N* von derselben Gröfse, wie
die kleinen Buchstaben, ausgedrückt werden*).

Nr. 31 enthält zwei andere verschiedene
Nasen-Mitlaute, von welchen der letzte mit
dem ersten Nasenbuchstaben in der Devana-
gari-Schrift verglichen, und durch *g* (oder
ng) ausgedrückt werden kann; der erste dagegen ist mit dem andern Nasenbuchstaben
im Sanskrit zu vergleichen und durch (das

*) Vgl. Anmerk. zu Nr. 16.

Spanische und Portugiesische) ñ auszudrük-
ken *).

Nr. 32 ist der lange Selblaut û, entsprechend dem kurzen u (Nr. 26, das erste
Zeichen).

Nr. 33 ist das lange â.

Nr. 34 ist eine Art von hartem, oder etwas aspiriertem t, welches ich mit dem Arabischen ط, dem Hebräischen ט, Griechischen
Θ, vergleiche, und durch das Isländische und
Angelsächsische Þ ausdrücke, ungeachtet der
Laut gerade nicht derselbe ist. Dieser
stimmt dagegen vollkommen überein mit dem
neunten Buchstaben in dem Armenischen Alphabet Þa genannt, dessen Figur auch augenscheinlich vom Θ entnommen ist, so wie
das Isländische Þ **), und also mit Recht da-

---

*) Das Gothische schreibt bekanntlich für un-
ser ng immer gg, auf Griechische Weise. H.

**) Dieses Isländische und Angelsächsische Þ
steht dem Gothischen Ψ näher, welches letzte eher
dem Griechischen Φ ähnlicher erscheint, als dem
Θ, dem wieder das Gothische Θ = hv näher scheint:
ohne Zweifel sind alle diese Aspiraten auch ihrer
Gestalt nach mit einander verwandt, wie der von

durch ersetzt wird: gleichwie ؈, p durch
q erstattet wird, welches ursprünglich derselbe Buchstabe ist, obschon er in keiner
der Europäischen Sprachen den morgenländischen Laut hat. Ganz verschieden von
diesem þa ist das oben besprochene *th* (Nr.
6, die letzte Figur), welches offenbar von *t*,
durch Anfügung des Aspirationszuges, gebildet ist.

Nr. 35 ist *w* in Mitte der Wörter, wie
oben (bei Nr. 13) bemerkt ist.

Zunächst darauf folgt eine Art von Dop-
pellautzeichen, zusammengesetzt, wie es
scheint, aus dem langen *â* und kurzen *æ*,
aber gewöhnlich *âo* ausgesprochen, auf jeden
Fall kein einfacher Buchstabe.

Das folgende Zeichen ist die Sylbe *ah*,
nicht *eh*; und das letzte Zeichen stellt den
Doppelbuchstaben *st*, nicht *sht*, dar.

Hieraus ist klar, wie verworren und un-
genau Anquetils Zend - Alphabet ist. Es

Rask entdeckte Aspirationszug in den Zendischen
Aspiraten (Nr. 5). Dieses Isl. u. Angels. þ ist übrigens die eigentliche Aspiration von *t* und entspricht
daher den beiden letzten Figuren unter Nr. 6. **H.**

scheint nach dem neuern Persischen geordnet: aber die einzelen Zeichen sind nicht
selten vermischt und misverstanden, ohne
Rücksicht ihrer innern Verwandtschaft und
Verhältnisse zu einander. Es kostete mich
nicht wenig Zeit und Anstrengung, an solchen Stellen die rechte Bedeutung der Buchstaben herauszufinden, ungeachtet ich auf
meiner Reise so glücklich war, die persönliche Bekanntschaft des gelehrten und frei-
sinnigen Oberpriesters der Pârsen, des Mulla
Firôz in Bombaj, so wie mehrerer ihrer vor-
nehmsten Destûre oder Priester, zu machen; denn der Umstand, dafs die Priester,
wenn sie die Gebete und Formeln vor dem
Feuer im Tempel ablesen, ein Tuch vor den
Mund hängen, um nicht unwillkürlich durch
ihren Speichel oder Anhauch das heilige Ele-
ment zu verunreinigen, hat bewirkt, dafs sie
dieselben blofs hermurmeln, und also manche
Jahrhunderte hindurch schon die genaue Aussprache ihrer heiligen Sprache vergessen haben, von welcher sie nicht einmal mehr als
einzele Worte verstehen. Nichts desto weniger bekenne ich mit Vergnügen, dafs ihre

wohlwollende Anleitung und rückhaltlose Un-
terweisung mich manchmal auf die Spur gebracht hat. Die Vergleichung der anderen
Asiatischen Sprachen in ihrer Heimat, und
endlich die Betrachtung der Zeichen selbst
und ihrer gegenseitigen Verhältnisse lehrte
mich das Übrige, und so entstand das ver-
besserte Alphabet, welches ich auf der Ta-
fel dem Anquetil'schen zur Seite gestellt
habe. Diese genaue Bestimmung der Bedeutung der Buchstaben wird, wie ich hoffe,
ein bedeutender Schritt zur Entzifferung der
gänzlich ausgestorbenen Sprache sein, indem
sie einen klareren Begriff über die wahre
Gestalt der Wörter geben, und die Vergleichung mit dem Sanskrit, Griechischen und
Armenischen, welche hier die wichtigsten
Hülfsmittel sind, erleichtern wird.

In Hinsicht der Ordnung der Buchstaben bin ich durchaus von der Persischen
oder Neu-Arabischen abgewichen, da die
Selblauter es doch unmöglich machten, dieselbe genau zu befolgen. In Übereinstimmung mit dem Indischen Gebrauche, habe
ich alle Selblauter zusammen vorangestellt:

aber die mancherlei eigenthümlichen Mitlaute machen es auch wieder unmöglich, die
Ordnung des Devanagari-Alphabets durchgängig zu befolgen. Dagegen scheint es mir,
dafs man durch Theilung der 42 Buchstaben
mit 3, drei Reihen, jede von 14 Buchstaben
erhält, welche die natürlichste Eintheilung
dieses Alphabets gewähren. Die erste Reihe
umfafst die 12 Selblaute, zusammt dem
Ye und *Ew;* die zweite die eigentlich sogenannten stummen Buchstaben; die dritte
die flüssigen, sammt den Zisch- und Na-
sen-Lauten. Auf diesen Grund habe ich
das Alphabet hergestellt, übrigens jedem
überlassend, es nach seinem Behagen zu ord-
nen. Das Armenische Alphabet ist vielleicht
das nächstverwandte, in Hinsicht der Anzahl
und Bedeutung der Buchstaben; aber da es
doch manche von dem Zendischen abwei-
chende Eigenheiten hat, und selber nicht
nach irgend einem erkennbaren philosophi-
schen Plane geordnet zu sein scheint, so hielt
ich es nicht der Mühe werth, das Zendische
in eben dieselbe Form zu zwängen,

Beilage.

Zum näheren Verständnisse der von
Rask in dieser Schrift berührten Eintheilung und Benennung der Sprachen, wieder-
hole ich hier seine eigene Erörterung aus
einem Briefe an Nyerup, welchen er im
Mai 1819 aus Petersburg schrieb, bevor
er die Reise ins Morgenland antrat, und
welchen ich, nebst einigen anderen seiner
Reisebriefe, aus dem von Nyerup heraus-
gegebenen Magazin for Rejsejagtta-
gelser (Reisebemerkungen) Bd. 1. (Kopenhagen 1820) in den Wiener Jahrbüchern der
Litteratur Bd. 15. (1822) übersetzt habe.

Rask spricht hier zunächst in Bezie-
hung auf die Finnischen und Lappischen Sprachen, und ihren grofen Scythischen Stamm, dessen Erforschung ihn in
Petersburg zuletzt beschäftigt hatte, und deren
Ergebnis als ein Anhang seiner Preis-

schrift über den Ursprung der Nordischen Sprachen (1814) anzusehen ist.

„Aber bevor ich weiter gehe, diese Völkerschaften einzutheilen, muſs ich die zur
Eintheilung ·nothwendigen Kunstwörter bestimmen, ohne welche Sie mich kaum verstehen werden. Eine solche bestimmte Eintheilung ist ohnediefs eben so nothwendig in
der Sprachkunde, wie in der Pflanzenkunde
und in jedem andern Lehrgebäude, weil
man sonst ins Unendliche streiten kann; z.
B. ob die Skandinavier und Germanen zu Einer Volksklasse gehören,
oder zwei verschiedene ausmachen, kann
unmöglich entschieden werden, wenn man
nicht festsetzet, was unter einer Volksklasse zu verstehen ist: sonst kann nämlich der Eine die Bedeutung so weit ausdeh-
nen, daſs nicht allein die Skandinavier
und Germanen, sondern auch die Slaven,
Letten, Thraken u. s. w. zu derselben
Klasse gehören; und der Andere kann sie
vielleicht so sehr einschränken, daſs nicht
allein die Skandinavier und Germanen verschiedene Klassen ausmachen, sondern sogar

die Ob er - und Nieder-germanischen
Völkerschaften als zwei entgegengesetzte
Klassen angenommen werden. Das ist ein
Hauptfehler in Adelungs Mithridates, daſs
er keine solche Eintheilung bestimmt hat;
er hat gesucht, ein System aufzustellen, aber
vergessen, sich einen Rahmen oder ein Fach-
werk zu bilden, worin er es einfassen konnte. Denn die Eintheilung nach den fünf
Welttheilen ist wohl die unnatürlichste, so
erdacht werden konnte, und hat z. B. An-
laſs gegeben, daſs alle die Siberischen, Malai-
schen, Australischen und Europäischen Sprachen bei ihm zwischen die Permische, Mogu-
lische u. s. w. und Finnische, Lappische u. s. w.
eingeschoben sind. Hierdurch ist ohnedieſs
keine Unterabtheilung bestimmt, also die
Eintheilung nicht vollständig. Bei Adelung
drehet sich das ganze System, wenn man es
so nennen kann, um den Ortsbegriff: aber
da der Mensch von allen lebenden Geschöpfen
am wenigsten an irgend eine bestimmte
Stelle gebunden ist, so ist das Ortsverhält-
niſs der allerunbequemste Eintheilungsgrund,
so erdacht werden kann.

Aber, um zu meiner Eintheilung zu
kommen, so theile ich das ganze Menschen-
geschlecht,

1) in Rassen oder Geschlechter.
Derjenigen dieser Rassen, mit welcher
ich hier zu thun habe, gebe ich den Namen
des Scythischen Geschlechts, entgegengesetzt, oder im mindesten deutlich unterschieden von dem Serischen (welches
einsylbige Sprachen redet), und dem Sarmatischen (zu welchem ich uns selber rech-
ne, sammt den meisten Europäern, zugleich mit den Persern und Indern).
Eine jede Menschen-Rasse (oder Sprach-
Geschlecht) theile ich wieder,

2) in Volksklassen (oder Sprach-
klassen); eine jede solche Klasse,

3) in Stämme; einen jeden Stamm,

4) in Zweige; einen jeden Zweig,

5) in einzele Völker oder Sprachen; und endlich eine jede Sprache,

6) in Mundarten oder Dialekte.
Diese Eintheilung in sechs einander
untergeordnete Glieder, Sprachgeschlech-
ter, Klassen, Stämme, Zweige, Sprachen

chen und **Mundarten** darf man übrigens
nicht überall ausgefüllt zu‘ finden erwarten,
da es möglich wäre, dafs Kriege oder Natur-
umwälzungen ganze Menschenrassen zerstört
hätten, so dafs nur ein einzeler Zweig öder
vielleicht blofs ein einziges Volk davon der
Vertilgung entgangen wäre; oder dafs eine
Rasse sich mehr zusammengehalten und spä-
ter geschieden hätte, und auf solche Weise
nicht so viel Unterabtheilungen erhalten hätte, als eine andre.

Um ein Beispiel zu geben von der Anwendung dieser Eintheilung, erlauben Sie
mir, unsre eigene Stelle in der Sarmatischen
Rasse anzuführen. Diese **Sarmatische
Rasse**, werden Sie leicht bemerken, ist bei
mir dasselbe, was die sogenannte **Kaukasische Rasse**; aber dieser letzte Name
scheint mir durchaus unbrauchbar, indem
beinahe alle Bewohner des **Kaukasus** zu
einer andern Menschenrasse gehören, nämlich zu der **Scythischen**: da man aber
doch einen Namen haben mufs, hat mir kein
besserer einfallen wollen, als der **Sarmatische**, welcher bei den Alten ziemlich unbe-

E

stimmt ist, doch wohl allezeit Völker von unserer Rasse bezeichnet, und den S c y t h e n entgegengesetzt wird *). Diese Sarmatische Rasse theilt sich nun weiter also ein:

1)   Die Sarmatische Rasse

2) Die Indische, Medische, Thrakische, Lettische, Slavische, Gothische, Keltische Klasse.

3)   Der German., u. Skandinav. Stamm.

4) Der Ob. - u. Nied. - German. Zweig.

5) Die Plattdeutsche, Holländ. und Engl. Sprache.

         Die Isländische, Schwedische und Dänische Sprache.

6)   Die Bornholmische, Jütische, Bergensche etc. Mundart.

Hieraus sieht man, dafs die N o r d l ä n - d e r und G e r m a n e n nicht allein zu dersel- ben Menschenrasse, sondern auch zu dersel- ben grofsen V o l k s k l a s s e , nämlich der G o -

---

*) Man sieht, der Verf. hat seitdem diese Be- nennung S a r m a t i s c h mit der biblischen J a p e - t i s c h (im Gegensatz von S e m i t i s c h) vertauscht. Der sonst gangbare Name K a u k a s i s c h läfst sich übrigens auch bedeutsam fassen, indem man ihn auf den I n d i s c h e n K a u k a s u s, oder H i n d u - K u s c h, als das Urland dieses Geschlechts, bezieht. H.

thischen gehören, aber dafs sie zwei verschiedene Stämme ausmachen, welche in man-
cher Hinsicht ungleichen, ja beinahe entge-
gengesetzten Charakter haben, und deshalb
keineswegs vermischt werden dürfen. Die
zween Zweige des Germanischen Stammes haben dagegen beinahe denselben Charakter, und unterscheiden sich nur in minder
bedeutenden Umständen. Im Deutschen
und Holländischen sind blofs die Wort-
formen ein wenig verschieden, ihre Bedeutung und Stellung aber fast durchaus dieselbe, gleichwie im Dänischen und Schwedischen; dagegen im Holländischen
und Dänischen, oder im Deutschen und
Schwedischen, ist die Bedeutung oft sehr
ungleich, und die Stellung fast entgegengesetzt, z. B. Matth. 2, 1:

Deutsch. Da Jesus geboren war zu
Bethlehem im Jüdischen Lande zur Zeit
des Königs Herodis u. s. w.

Holländisch. Doe (nu) Jesus geboren was te Betlehem in Judea, in de da-
gen des konings Herodis u. s. w.

Dänisch. Da Jesus var född i Beth-

lehem i Judäa i Kong Herodes Tid
u. s. w.

Schwedisch. När Jesus var född i
Bethlehem i Judiska landet i konung Herodes tid u. s. w.

Hier sieht man deutlich, dafs die Nordische Wortfügung das Umgekehrte oder Entgegengesetzte von der Germanischen ist; so
wie, dafs die Nordischen Wörter ganz andere Bedeutung und Gebrauch haben, als die
Germanischen; z. B. til, Schwedisch till,
kann nicht gebraucht werden wie zu, Holländisch te; man kann nicht sagen: Jesus
var baaren til Bethlehem; was bedeuten
würde: er war nach Bethlehem getragen;
und wollte man dieses wieder wörtlich über-
setzen: han var dragen (trukken) til
Bethlehem, so wäre die Bedeutung abermals
durchaus verschieden, nämlich: er war nach
Bethlehem gezogen. Nicht zu gedenken
der Verschiedenheit von nach (efter) und
til (zu) u. s. w. Der Skandinavische Stamm
hat keine Abtheilung in Zweige. — Dieses mag genug sein, um meine Eintheilung
zu rechtfertigen, und deren Anwendung zu

zeigen, so wie die Bedeutung der Wörter Geschlecht oder Rasse, Klasse, Stamm,
Zweig, Sprache und Mundart.

Die Skythische Rasse ist viel schwie-
riger einzutheilen, als die Sarmatische, nicht
blofs weil sie minder bekannt, sondern auch
weil sie viel weiter zerstreuet ist, und in uralten Zeiten mehr verbreitet gewesen, als irgend eine andere Menschenrasse auf Erden.
Diese lange Absonderung hat den einzelen
Theilen Zeit gegeben, verschiedene eigenthümliche Charaktere anzunehmen, worin man
zu unseren Zeiten kaum noch die mindeste
Spur der ursprünglichen Einheit findet. Arndt
(über die Verwandtschaft der Europäischen
Sprachen, 1819) hat sehr wahrscheinlich gemacht, dafs das Vaskische (in Spanien)
zu demselben Geschlechte gehört, wie das
Finnische und Samojedische, dafs die
Keltische Sprache (in Grofsbritannien
und Frankreich) manche Bestandtheile desselben Ursprunges enthalte. Klaproth (Ar-
chiv für Asiatische Literatur) hat bewiesen,
dafs die Kaukasischen Sprachen (mit Aus-
nahme der Ossetischen und Dugori-

schen, welche zu der grofsen Medischen
Klasse gehören, also zu dem Sarmatischen
Geschlechte) sehr grofse Verwandtschaft haben mit der Samojedischen und anderen
Nordasiatischen Sprachen; und ich glaube, dafs man zu diesen Kaukasischen Sprachen auch noch die Georgische rechnen
kann. In meiner Untersuchung über den Ursprung der Altnordischen Sprache habe ich
(S. 112 bis 46) zu beweisen gesucht, dafs die
Finnische Völkerschaft in den ältesten Zeiten über den ganzen Norden, und also auch
in Dänemark verbreitet gewesen, und (S.
116—118) bemerkt, dafs die Grönländer
zu demselben Geschlechte gehören. Nimmt
man nun alles dieses zusammen, so sieht man,
dafs das Scythische Geschlecht sich ununter-
brochen, von Grönland über den ganzen
Norden von Amerika, Asien und Europa bis Finnmark ausbreitet, und in den
älteren Zeiten bis zur Eider oder Elbe,
ja wieder in Britannien, Gallien und
Spanien sich vorfindet, so wie vom Wei-
fsen Meere bis jenseit des Kaukasus. Diese Menschenrasse scheint auf sol-

che Weise dem allergröfsten Theile von Europa seine ältesten Bewohner gegeben zu
haben, und zerstreut worden zu sein, zuerst
durch die Einwanderung der Keltischen
Stämme, welche sich mit ihnen in Gallien
und auf den Brittischen Inseln vermischten, sodann durch die Gothischen Stämme,
welche auch in Skandinavien vor Odins
Zeit, und zum Theil noch lange nachher,
sich mit ihr in Verwandtschaft einliefsen;
endlich, durch die Slavischen Stämme,
welche jetzo den gröfsten Theil von ihr be-
herrschen. Diese Scythischen Völker haben
also das ganze Nord- und Mittelasien
ausgefüllt, welches ihre eigentliche Heimat
gewesen zu sein scheint; aber hier haben
die Mittelasiatischen Berge ihnen zur siche-
ren Vormauer gedient, und ihre unermefsli-
che Menge in der Heimat ihnen das Schick-
sal abgewehrt, welches in dem flachen oder
offenen Europa ihre minder zahlreichen Ge-
schlechtsbrüder traf. Doch sind sie von dieser Seite (Westen) her nunmehro beinahe
alle unter Russische Herrschaft gebracht; so
dafs diese ganze ungeheure Menschenrasse

eigentlich nur noch zwei herrschende Völker zählt, nämlich die Mandschu's (in
China) und die Türken.

Sie werden leicht einsehen, dafs der alte
Name Polarvölker beinahe eben so schlecht
für die Skythische Rasse pafst, wie der
Kaukasische Name für die Sarmatische.
Er gründet sich nämlich auf eine fehlerhafte
Ansicht des Ganzen. Die unendliche Ausdehnung, von Spanien durch Lappland,
und von Kaukasien bis Grönland, und
die so ungleichen, natürlichen und po-
litischen Verhältnisse, worin diese Völker
seit den ältesten Zeiten sich befunden haben,
und vielleicht noch mehrere Ursachen, haben
sie nämlich so verschieden gemacht, dafs man
sie in zwei Menschenrassen getheilt, in die
Polar-Rasse und die Mogolische, ja sogar viele Volksklassen von dieser Rasse (z.
B. die Tataren u. s. w.) zu der Sarmatischen, oder sogenannten Kaukasischen
Rasse gerechnet hat. Das Fehlerhafte hier-
in, und die Nothwendigkeit, diese Völker alle
zu einer einzigen Menschenrasse zu rechnen,
läfst sich nichts desto minder, so weit ich es

ein-

einsehe, 'deutlich aus der Sprache dar-
thun. Es lassen hier zwar nicht genügen-
de Beweise führen; doch will ich bemerken, dafs sich grofse Übereinstimmung zwischen dem Türkischen und Finnischen
findet, nicht blofs in einzelen Wörtern, sondern auch in den eigenthümlichsten Einrichtungen im Grundwesen der Sprache, z. B.
der merkwürdige Gleichlaut, oder die
Übereinstimmung zwischen dem Vokale des
Wortes und der Endung; ja sogar zwischen
dem Tatarischen und Grönländischen finden
sich auffallende Gleichheiten. Dafs die drei
grofsen Volksklassen in Mittelasien (die
Tataren, Mogolen und Tungusen)
drei grundverschiedene sind, sehe ich,
hat Klaproth angenommen, so wohl als
Leontiev in seinen an Langlès gerich-
teten *Lettres sur la Littérature Mand-
schou, Paris,* 1815. 8., wo er sie die Tatarische, Mongolische und Tungusische Rasse (nicht Volksklasse) nennt; und dasselbe haben die gelehrtesten Kenner hier
mich versichert: aber die Untersuchung der
Sprachen selber hat mich das Gegentheil ge-
F

lehrt, und wird unzweiflich einen jeden über-
zeugen, der mit guten Vorkenntnissen im
Finnischen und Lappischen ausgerüs-
tet ist. Mannigfaltige Wörter sind dieselben,
und zwar die nothwendigsten Grundwörter
in jeder menschlichen Sprache. Mannigfaltige Endungen stimmen überein, und zwar
ungeachtet noch keiner untersucht hat, welche Buchstabenübergänge hier gewöhnlich
sind. Die Wortstellung ist durchaus dieselbe,
ausgenommen, so fern die Tatarische etwas
arabisiert ist. Daſs ich auch nicht ganz
allein dieser Meinung bin, darüber will ich
doch noch einige Beispiele anführen. Professor Langlès nennt auf gleiche Weise
sein Mandschuisches Wörterbuch *Dicti-
onnaire Tatare-Mantchou*, und Bibliothekar
Scherer hat diese Behauptung mit Gründen und Beispielen unterstützt, im letzten
Theile von Adelungs Mithridates, S.
509 bis 510. Doch dieses gilt nur von den
Verhältnissen der drei Mittelasiatischen
Volksklassen unter einander, ihre Verwandtschaft mit der Finnischen und den Nordasiatischen ist also noch zurück: hier-

über werden Sie bei **A r n d t** viele Winke finden; so auch bei **K l a p r o t h,** in seinem Ar-
chiv und in seiner Reise nach dem **K a u k a-
s u s,** da er bei Vergleichung der **K a u k a s i-
s c h e n** Sprache mit der **F i n n i s c h e n** und
N o r d a s i a t i s c h e n mitunter auch die **M i t-
t e l a s i a t i s c h e n** vergleicht, obwohl keineswegs so oft, wie er gesollt hätte: z. B. S. 21,
bei dem Worte **k v e r** (Hand), welches auch
von den alten Scythen ins Griechische (χερ)
gekommen ist, hat er richtig das Morduische
k e d u. s. w. angeführt, aber das Mandschuische
g a r u. s. w. vergessen, so wie das Tatarische
q o l, c u l (...), welches doch der Form **k o d a**
(in **K a b u t s c h**) am nächsten von allen
kommt; eben so wenig hat er das Lappische
k ä t oder Finnische **k ä s i** angeführt, ungeachtet dieses sich am meisten von allen der an-
dischen Form **k a s c h u** (Genitiv **k a s c h i** oder
k a s e) annähert. Dieses Wort findet sich
also, wiewohl in verschiedener Gestalt, überall, von **L a p p l a n d s** äufserster Gränze bis
zu dem **K a u k a s u s** und dem **Mandschui-
schen** Hofe in **C h i n a,** und kann defshalb

F 2

für ein ziemlich gutes Beispiel gelten *). Ein
andrer Beweis für die Verwandtschaft des
Finnischen und Tatarischen Volkes ist, dafs
Adelung und viele Andere die Wogulen,
Wotjakken, Tscheremissen u. s. w.
für lauter Mischlinge der Finnen und Tataren angesehen haben. Dieses ist jedoch eine ungereimte Erklärung, da alle diese Volks-
stämme sehr abgesondert leben, und sich gar
nicht mit anderen verheirathen wollen, ja einige von ihnen nicht einmal unter Fremden
wohnen oder Fremde unter sich dulden; was
sich keinesweges mit der Annahme, dafs

---

*) Es ist aber zugleich ein Wort der allgemei-
nen Sprache: Hebräisch *jod, jad* (*jada*, erkennen
und erzeugen: begatten?); Persisch *jede-man;*
Slavisch *jedden.* In der andern Form: Sanskrit
kara, karam; Georgisch *kirri; Carmen Saliorum*
kerus; Altrömisch *hir;* Samojedisch *ohra;* Sa-
binisch *curis* (*hasta,* wie dieses vom Indischen
hasti, Hand), und der als Lanze gebildete Sabini-
sche Mars *Cures, Quiris.* — Persisch *chodai,*
Gott. Daher die Indischen Finger - Götter Jadoo,
Juda, die Idäischen Daktylen, die Nordischen
schaffenden Handriesen Jotur, Jotunner (Dänisch noch Jätten); die Asen auf dem Ida - Felde
mit den Äpfeln der Idun; der Altdeutsche, dem
Zeter und normännischen Haro ganz entsprechen-
de Wehruf Jara-ja und Jodute. H.

sie Mischlinge seien, vereinbaren läfst. Die
Sache ist, dafs sie Mittelglieder ausmachen,
aber keinesweges Mischlinge, gleichwie man
z. B. in der Reihe *a. b. c. d.* keinesweges
sagen kann, dafs *b. c.* Mischlinge von *a.* und
d. sind, ungeachtet sie unläugbar dazwischen
liegen, und nothwendigerweise mitgerechnet
werden müssen, wenn die Kette unabgebro-
chen und vollständig sein soll. Die Alten,
welche allen Mittel - und Nordasiatischen Völkern, sowohl wie den nordöst-
lichen Europäischen Völkern, den Namen der Skythen gaben, haben also wohl
einen richtigeren Begriff von ihrer Verwandtschaft gehabt, als man geneigt gewesen ist
ihnen zuzugestehen; und dieser Name ist
unbezweiflich der einzig passende, worunter
sie alle befafst werden können.

Ich bin genöthigt gewesen, etwas weitläuftig zu sein über diesen Punkt, um deutlich zu machen, was hier mit dem Skythischen Geschlechte gemeint ist, und damit Sie es nicht gleich für Rudbeckerei
(vergleiche dessen Atlantis) ansehen mögen, wenn ich es wage, dieses Kunstwort

wieder zu beleben. Sie sehen, dafs ich es
im mindesten nicht als einen neuen Titel
für meine lieben Isländer anführe, sondern im Gegentheile sie und alle Skandinavier auf ewig von aller Theilhaftigkeit daran ausschliefse. Und wenn Sie auch, wie
billig, meine ordentlichen Beweise für alle
damit zusammenhangende Äufserungen ab-
warten wollen, bevor Sie Ihren vollen Bei-
fall geben, so hoffe ich doch, dafs sie bis
dahin meine neue Terminologie dulden werden, als nothwendig verbunden mit meinen
Ansichten von der Vertheilung des Men-
schengeschlechtes, und von der Gleichheit
oder Verschiedenheit und den übrigen Verhältnissen innerhalb dieser Theile oder Mittelglieder, zum Theil in einem vorgeschicht-
lichen Zeitraume des fernsten Alterthums.
Da im übrigen diese Skythische Rasse so
grofs ist, so verschieden, und so schwierig
einzutheilen, so würde ich wohl geneigt sein,
mir auf dieselbe Weise zu helfen, wie die
Naturkundigen, und gewisse natürliche
Familien annehmen, aufser der bereits
aufgestellten streng-systematischen Einthei-

lung. Von solchen Familien sind besonders
vier in die Augen fallend:

1) die Nordasiatische;

2) die Nordamerikanische, zu welcher auch die Tschuktschen, auf dem
äußersten östlichen Ende von Asien, gehören;

3) die Tatarische;

4) die Mogolische, zu welcher auch
die Tungusische Volksklasse gerechnet
wird.

Es ist möglich, daß man in dem nördlichen Amerika mehrere dergleichen Skythische Familien finden wird, aber sie sind
bisher wenigstens nicht bekannt; die Sache
ist hier auch minder bedeutend, wo ich keinesweges die ganze Rasse zu beschreiben
beabsichtige, sondern bloß eine Übersicht
der dazu gehörigen Völkerschaften zu geben,
welche zwischen den Ural-Tataren, den
Russen, der Ostsee und dem Eismeere
wohnen.

Diese vielen Nationen können, so weit
ich es einsehe, unmöglich zu einer einzigen
Volksklasse gerechnet werden: womit je-

doch deren Verwandtschaft keinesweges ge-
läugnet wird: denn dafs sie zu derselben
Rasse oder Geschlecht, und, wenn man
will, zu derselben natürlichen Familie
gehören, ist unwidersprechlich. Hier kommen die angeführten Eintheilungsgründe uns
zu Hülfe, ohne welche es immerhin unmöglich bleiben wird, sich einen deutlichen Begriff von ihren Verhältnissen und ihrer verschiedenen Verwandtschaft zu machen." —

Gedruckt bei Johann Friedrich Starcke.

For EU product safety concerns, contact us at Calle de José Abascal, 56–1°, 28003 Madrid, Spain or eugpsr@cambridge.org.

www.ingramcontent.com/pod-product-compliance
Ingram Content Group UK Ltd.
Pitfield, Milton Keynes, MK11 3LW, UK
UKHW012336130625
459647UK00009B/331